분명남의 아파트 분양
15단계 완전정복

분명남의 아파트 분양
15단계 완전정복

펴낸날 2020년 4월 24일

지은이 김준영, 김현우
펴낸이 주계수 | **편집책임** 이슬기 | **꾸민이** 전은정

펴낸곳 밥북 | **출판등록** 제 2014-000085 호
주소 서울시 마포구 양화로 59 화승리버스텔 303호
전화 02-6925-0370 | **팩스** 02-6925-0380
홈페이지 www.bobbook.co.kr | **이메일** bobbook@hanmail.net

© 김준영, 김현우, 2020.
ISBN 979-11-5858-660-7 (03320)

※ 이 도서의 국립중앙도서관 출판시도서목록(CIP)은 e-CIP 홈페이지(http://www.nl.go.kr/cip)에서 이용하실 수 있습니다. (CIP 2020014896)

분양 설명하는 남자

분명남의 아파트 분양
15단계 완전정복

김준영 · 김현우

왜 부동산인가? ①

왜 아파트인가? ②

시작은 어떻게? ③

청약통장을 알자! ④

가점제 VS 추첨제? ⑤

모집공고 살펴보기 ⑥

유형별 공략포인트 ⑦

매입임대주택 미래 ⑧

아이구 웰컴하우스! ⑨

당첨 6유형 ⑩

준공전 VS 준공후 ⑪

잔금마련 전략 ⑫

중도금 대출이란? ⑬

계약 ⑭

실제 사례 연구 ⑮

임대사업자 효용성

유튜브 채널
분명남 TV

밥북
B·O·O·K

이 책과 우연히 만난 분들께...

안녕하세요! 반갑습니다. 분양 설명하는 남자, 분명남입니다.

저는 처음부터 부동산에 관심이 있지는 않았습니다. 본래 분야에서는 취업/이직/마케팅/사업개발/해외진출 등 직장소득과 사업소득을 만드는 것에 집중했었고, 부동산은 마치 로또나 불로소득과 같다고 생각하며 별 관심을 두지 않았습니다.

그러다 부동산으로 수익을 만드는 자산투자라는 것이 노동소득이나 사업소득과는 형태가 완전히 다른 수익창출의 영역이며, 여기서 발생하는 수익은 다른 어떤 영역의 수익보다 파급력도 규모도 크다는 것을 알게 되었습니다.

결국 제가 매일매일 힘들게 사업하고 모은 1억과, 저기 옆에서 부동산을 소유한 사람이 자동으로 올라가서 얻은 시세차액 1억이 같은 가치를 지닌 1억이었다는 점입니다. 사업에 비해 부동산은 투입되는 시간과 노력이 1,000분의 1도 안 되는데 말입니다.

저는 분노했습니다. 너무 불공평하지 않은지, 이게 말이나 되는지, 그런 박탈감과 분노가 한동안 휘몰아친 다음 시간이 지나며 슬픔이 찾아왔습니다. 인생의 슬럼프라고 해야 할까요?

하지만 박탈감은 잠시, 저는 그다음을 생각하며 의욕을 불태우게 되었습니다. 그놈의 부동산 끝장을 보자고. 나도 지금까지 쌓은 온 역량을 집중해서 파고들어 가 보겠다고!

이때부터 저의 부동산 스토리가 시작됩니다.

나중에 깨달은 것이지만, 제게는 남들과 다른 세 가지의 장점이 있었습니다. 첫 번째는 대학 시절 기계공학을 전공하며 방학 때 의미 있게 보내고 싶어 공인중개사를 취득해 놓았던 점. 두 번째는 사업을 하면서 마케팅 기술과 서비스개발 방법을 배웠으며, 법인 운용기술을 가지고 있었다는 점. 세 번째는 주변에 사업가 고객들이 많아서, 이분들을 대상으로 여러 전략들을 빠르게 실행하여 검증해 볼 수 있었다는 점입니다.

이렇게 세 가지의 장점을 토대로 저는 성장했습니다. 부동산 하나에만 집중했던 사람들보다 훨씬 빠르고 효율적으로, 그리고 신나게 부동산 영역에서 성과를 만들 수 있었습니다.

부동산 사업에 뛰어든 지 십수 년째. 이제는 저도 다양한 분야의 부동산과 법인의 투자자산화 방법에 대한 실천적 노하우들을 가지고 있습니다. 하지만 저는 부동산으로 처음 만나는 사람이라면 무조건 "아파트 분양"을 제안합니다. 적정한 수익을 만들 수 있고, 본인이 새 아파트에서 살기 때문에 삶의 질을 높일 수 있고, 무엇보다 성과를 직접 경험하여 그 다음 단계의 부동산 투자채널로 범위를 넓힐 수 있기 때문입니다. 조금 더 리스크가 있을지언정 훨씬 큰 수익창출이 가능한 분야로 말입니다.

여러분께 분명하게 짚고 넘어갈 것이 있습니다.

이 책은 지식을 쌓는 책이 아닙니다. 아무리 초보라도 책에 나온 순서대로, 한 스텝씩 내용을 읽어나가면 마지막 장을 넘길 때는 대한민국 분양 고수라고 하는 수많은 전문가들의 뺨을 때릴 정도의 정보와 전략을 배우실 수 있습니다.

하지만 이 책을 읽지 말아야 할 분이 있습니다.

다른 사람들의 노동가치를 폄하하는 분, 돈으로 사람을 평가하는 분, 수익 일부를 사회에 환원할 줄 모르는 분.

이 책을 통해 부동산으로 돈을 버는 건 쉬울 것입니다. 이렇게 쉽나, 싶은 생각이 들 수도 있습니다. 하지만 부동산 수익은 어느 정도 사회에서 받는 혜택이라고 생각하셔야 합니다. 내가 그렇게 혜택을 받았던 것처럼, 내가 얻은 이득의 약간이라도 주변 사람과 공유하거나 사회에 환원하며 성장해 나가겠다는 의지가 있으셔야 합니다.

저는 이 책을 펼친 당신께서 그런 분이시기를 바랍니다.

맞다고요?

좋습니다. 그럼 합격입니다.

이제 이 책을 한 장 더 넘겨 저와 함께 아파트 분양에 대한 구체적인
전략을 나눠 보실 차례입니다.

15단계의 이야기, 지금부터 시작하겠습니다.

차례

왜 부동산에 관심을 가져야 하나?

성공한 사업가 고객을 만나며, 부동산을 알게 되다

나는 마케팅과 사업기획운영 컨설팅 회사를 운영한다. 그래서 접하는 사업분야도 다양하고 접점이 있는 사람들의 분야도 다양하다. 유통/무역/제조/영업/부품/농업/법률/세무 등 여러 분야의 고객들을 만나고 있는데, 어느 순간 특이한 점을 깨닫게 되었다. 사업을 안정적으로 키워가는 분들은 정작 사업보다는 부동산으로 돈을 버는 경우가 많았다는 점이다.

사업 운영은 반드시 부침이 있기 마련이다. 잘 되는 시기와 안 되는 시기가 있고, 어려운 시기가 생각보다 길어질 수도 있다. 그래서 사업이 순탄하게 풀릴 때 부동산에 투자하여 재무제표상의 투자자산을 확 늘려 두고, 이것을 잘 유지할 수 있도록 사업을 운영해 나가는 방식을 사용하는 것이었다. 게다가 부동산은 사업이나 노동소득보다 시간/에너지를 훨씬 적게 투자해서 수익을 얻을 수 있는 분야다.

나는 여기서 매우 중요한 포인트를 얻었다.

자산관리는 처음은 노동소득이나 사업소득으로 기본적인 현금흐름을 만들되, 결국 자산의 시세차액을 통해 전체적인 경제적 안정성을 높일 수 있게 설계해야 한다는 점이 그것이다.

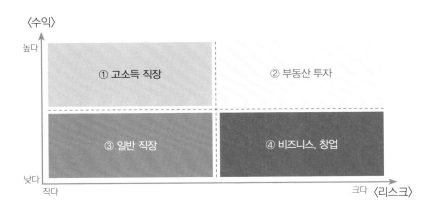

위의 표가 일반적인 상식과는 일부 다를 수 있다.

왜냐면 이건 개인적으로 직접 경험하고 파악했던 것을 바탕으로 한 것이기 때문이다.

나는 취업과 이직을 돕는 준커리어(www.juncareer.com)를 10여 년 전부터 운영하며, 과거와 달리 직장인(즉 월급생활자)의 부류가 극명하게 갈리는 것을 목격해 왔다. 1번에 해당하는 고소득 직장은 월 1천만 원 이상의 수입을 얻는 직장인을 말한다. 생각보다 많은 직장인들이 여기에 해당하며 이 순간에도 계속해서 증가하고 있다. 그렇기에 3번 영역의 사람들은 1번 영역으로 올라가기 위해 매일같이 부단히 노력해야 한다.

1번의 고소득 직장인은 4번의 비즈니스나 창업으로 수익을 얻는 사람들보다 평균적으로 훨씬 높은 급여를 받고, 급여 자체가 순이익이기 때문에 세무비용이나 기타 매입원가를 처리해야 하는 4번 부류보다 한층 안정적으로 확보한 자금을 운용할 수 있다.

하지만 1번, 3번, 4번의 공통적인 문제는 투입되는 본인의 시간과 노력이 매우 크다는 점이다. 이는 투자한 시간 대비 결과가 나오는 분야의 직장수익모델의 특성 때문이기도 하다. 결국 나이가 들어감에 따라 체력이 떨어지고 업무추진력이 저하되면서, 본인의 시간과 노력을 쏟아 경제활동을 하는 것에만 익숙했던 사람은 큰 난관에 봉착한다. 더 이상 '오래 열심히'하는 것만으로는 경쟁이 불가능한 시기가 오는 것이다.

아마 여기까지의 논리는 어디선가 한번쯤 들어보았을 것이다. 나 역시도 마찬가지 생각을 가지고 있었다.
'맞아. 결국 나이가 들면서 저런 시기가 오겠지. 그렇다면 어떻게 대비해야 할까?'
이 질문에 대해, 시중에 있는 책의 90%는 투자를 하라고 한다. 주식/부동산/비트코인/달러/금 등등 추천 투자대상도 많다. 소위 '전문가'

라는 이들이 나름의 논리로 그 당위성을 설파하는데, 지금 무슨 자산 투자 아이템을 선택하느냐에 당신의 인생이 바뀐다는 점을 명확히 이야기해 주겠다.

추천 아이템은? 당연히 부동산이다. 나는 열거한 숱한 투자자산 중에서도 바로 부동산에 투자하라고 말하고 싶다. 그런데 여기서 또 다른 문제가 발생한다. 부동산 중 어떤 부동산에 투자하란 말인가? 나도 초심자 시절 선택지를 두고 가장 큰 난관에 봉착했고, 첫 투자 아이템을 결정하기까지 상당한 시간을 소요하며 시행착오를 겪었다. 그 과정에서 금전적 손해도 보게 된 건 물론이다.

하지만 당신은 내가 돈과 시간을 날리며, 뼈아픈 시행착오 속에서 배운 중요한 정보를 이 책을 통해 단숨에 얻을 수 있다. 어떠한 부동산 아이템으로 시작해야 하는지 다음 장에서 본격적으로 설명하겠다.

2단계

왜 아파트 분양에서 시작해야 하나?

부동산 투자라는 것까지는 좋다. 그럼 '어디서 시작해야' 할까?

이 부분이 가장 중요하다. 어떤 부동산에서 시작할 것인가? 이 질문에 정답을 제시하지 못한다면, 아마 당신도 나와 같은 시행착오를 겪을 가능성이 크다.

부동산경매, 오피스텔, 아파트, 상가, 소규모 땅투자, 공동투자, 사모펀드나 리츠. 일반적으로는 이 순서로 관심을 둘 것이며, 당연한 수순으로 시행착오를 거치게 될 것이다.

여기서 내가 제시할 답은 한 가지다.

만약 당신이 부동산 투자 초보라면 무조건 아파트여야 한다. 그것도 가급적이면 내가 거주 가능한 집에 방점을 찍어야 한다. 다른 종류의 부동산 투자자산은 투자자가 직접 활용하기 어려운 경우가 많지만, 내가 살 집이라면 큰 문제가 되지 않기 때문이다.

초보 시절의 나도 아파트에 대한 투자를 알아보긴 했는데, 문제는 너무나도 비쌌다. 도저히 감당할 수 없을 정도의 가격이어서 아파트는 포기해야 하나, 생각하기도 했다. 그리고 우연히 분양에 대해 알게 되었다. 구축 아파트의 가격이 너무 비싸서 살 수가 없으니 분양으로 눈을 돌린 것이었는데, 그 순간부터 부동산의 힘과 파급효과를 많이 이해하고 경험할 수 있었다.

처음엔 잘 모르는 상태에서 아파트 분양에 손을 댔다. 그런데 이 분양이란 것이, 알면 알수록 초보 부동산 투자자에게 유리한 점들이 많았다. 여기서는 간단히 세 가지 핵심만 요약해 보겠다.

첫째, 아파트는 여러 부동산 중에 가장 안전한 자산이다.

안정된 수요가 뒷받침되기 때문에 환금성이 좋고 대출도 잘 나온다.

둘째, 분양아파트는 신축이기 때문에 입주해서 살기가 좋다.

특히, 최근 지어진 신축 아파트는 예전에 지은 아파트와 모든 면에서 다른 주거공간이라고 볼 수 있다. 그만큼 새 아파트의 가치가 높기 때문에 새로운 분양아파트는 근처에서 가장 높은 프리미엄을 형성한다.

셋째, 분양아파트는 정부의 분양가 통제를 받는다.

대한주택보증공사의 분양가격 통제나 분양가상한제 등의 방법으로 건설사의 마음대로 가격을 책정하지 못하게 규제를 한다. 그러므로 시세보다 조금이라도 낮은 가격으로 구매할 수 있다.

투자의 기본은 적은 리스크로 높은 수익을 얻는 것이다. 위의 장점들은 정보와 경험이 부족한 초보 부동산 투자자들에게, 왜 분양아파트가 최적의 솔루션인지를 증명해 주는 지표다. 본인의 리스크는 최소화하며 수익 가능성은 극대화하는 방법이기 때문이다.

　부동산 초보라면 빅 플레이어의 조언보다는 당신과 똑같은 상황에서 시행착오를 통해 실전 경험으로 해결방안을 찾아낸 나 같은 사람들의 조언이 훨씬 유효하다. 이미 건물 투자 등 상당한 부동산 자산을 형성한 그들과 같은 방식, 같은 시선으로는 살아남기 어렵다.

　자! 여기까지 왔다면, 당신은 아주 중요한 질문을 해야 한다.
　모든 아파트 분양 투자가 전부 성공일까?
　이 질문에 대한 답을 찾는데도 상당한 시행착오와 손실비용이 발생했다.
　결론적으로 답은 'No'이다.
　이야기할 중간 과정이 많지만 이 책의 목적은 간결하게 핵심만 전달하는 것. 그러므로 바로 정답을 공개하도록 하겠다.

_ 실패하지 않는 아파트 분양투자 대상물: '수도권'이면서 '역세권'에 위치한 아파트

1장부터 시작해서 2장까지, 쓸모 있는 이야기와 쓸모없는 이야기를 죽 늘어놓은 이유도 이 한 줄을 설명하고 싶기 때문이다. 그러나 저 한 줄의 무게는 이 책 전체와도 견줄 수 있을 만큼 중요하다.

'에이, 수도권이랑 역세권이 중요한 걸 누가 몰라?'

이렇게 생각하는 사람이 있을 수도 있다. 맞는 말이다. 나도 이미 대학생 때부터 저 정도는 알고 있었다. 하지만 당신의 전 재산이 투입되어야 하는 부동산 투자에서 이론적으로만 아는 것과 실제 매물의 가치를 느껴서 행동하는 것은 완전히 다르다는 사실을 알려주고 싶다. 이것을 완벽하게 이해하기 위해서는 직접 경험해 보는 수밖에 없다. 그러니 본인 스스로가 '수도권이면서 역세권의 기준'에 들어오는 매물을 찾았다면, 본인의 판단을 믿고 가야 한다. 왜냐면 당신이 찾은 매물은 어차피 100점짜리가 아닐 확률이 높기 때문이다.

예를 들어 역세권이지만 분양가가 너무 비싸거나, 역세권이지만 혐오시설이 있거나, 역세권이라고 하기에 애매한 위치에 있다거나, 역세권도 아닌 허허벌판이지만 미래의 개발호재가 있다거나 하는, 장단점이 애매하게 공존하는 물건일 가능성이 훨씬 크다. 이때 위의 기준을 떠올리며 본인 스스로 확신을 가지고 움직여야 한다. 단기적으로 등락이 있더라도 본인이 판단한 대상물의 가치를 믿으라는 소리다. 이 마음가짐이 부족한 경우에는 1) 투자를 영원히 미루거나, 2) 남의 말만 듣고 엉뚱한 물건을 사버리거나, 3) 너무 빨리 팔아서 제대로 수익을 만들지 못하는, 세 가지 실패 사례 중 하나를 겪게 될 것이다.

'수도권'이면서 '역세권'에 위치한 아파트라는 뜻을 좀 더 이야기해 보자. 수도권은 서울과 경기, 인천의 일부 정도까지를 이야기하는 것이다. 그 밖의 지방은 원칙적으로 무시한다. 세종과 부산, 대구, 전주 등도 투자수익이 좋을 수 있으나 원칙적으로 무시한다. 초보인 당신이 오판해서 잘못 투자하더라도 그나마 안전한 곳이 수도권이기 때문이다. 반면 지방은 물렸을 때 손실이 한없이 커질 수 있다. 수도권/역세권의 새 아파트는 떨어져도 가장 적게 떨어지고, 오르면 가장 먼저 오른다.

수도권의 중심인 서울은 예외다. 역세권이 아니라도 괜찮다. 하지만 서울을 벗어난 경기도로 가면 서울에서 멀어질수록 역세권에 더욱 근접해 있어야 한다. 그렇지 않으면 부동산의 경기가 나빠질 때 경기권의 비역세권은 크게 떨어질 수 있기 때문이다. 서울은 부동산 경기가 나빠질 때를 기회라고 생각하고 받아줄 수 있는 수요가 늘 존재하지만, 경기도의 비역세권은 그렇지 않다는 점을 기억해야 한다.

3단계

어떤 형태로 시작할 수 있는가?

분양주택은 크게 두 가지 형태가 있다.

국민주택과 민영주택이다.

국민주택이란 국가나 지방단체 등 공공기관에서 건설하거나 주택도시기금을 지원받아 건설/개량되는 85㎡ 이하의 주택을 말한다. 국민주택을 노려볼 수 있는 사람은 해당 지역에 거주하는 무주택 세대주로서 까다로운 기준에 충족하는 소수만 가능하다. 그리고 민영주택이란 민간건설사가 공급하는 주택으로서 국민주택을 제외한 전부라고 생각하면 된다. 민영주택은 원칙적으로 만 19세 이상이면 누구나 기회가 있지만 지역별로, 그리고 규제별로 다양한 제약조건들이 있기 때문에 이를 고려하여 청약전략을 짜야 한다.

1. 특별공급부터 마스터하라! – 특별공급 7가지 종류

특별공급부터 살펴보자.

아파트 분양 전략을 짤 때 가장 먼저 해야 하는 것은, 좀 더 유리하게 기회를 가져갈 방법이 있는지 파악해 보는 것이다. 그런 관점에서 특별공급은 당신이 어떤 상황에 있든지 가장 먼저 알아보고 준비해야 하는 중요한 무기가 된다. 평생에 걸쳐 딱 1번만 쓸 수 있는 '불공평하게 유리한' 특별공급! 하나씩 살펴보면서 본인에게 해당하는 것이 무엇일지 생각해 보자.

특별공급은 총 7가지 종류가 있다. 가장 많이 해당되는 순서대로 말하자면, 1. 기관추천, 2. 신혼부부, 3. 다자녀가구, 4. 노부모부양, 5. 생애최초주택구입, 6. 이전기관 종사자, 7. 외국인 특별공급이다.

1) 기관추천 특별공급

- 국민주택/민영주택 기관추천 대상자: 국가유공자, 독립유공자, 보훈대상자, 5·18유공자, 특수임무유공자, 참전유공자, 장기복무(제대)군인, 북한이탈주민, 납북피해자, 일본군위안부, 장애인, 영구귀국과학자, 올림픽 등 입상자, 중소기업근무자, 공공사업 등 철거주택 소유자 또는 거주자, 의사상자
- 국민주택 기관추천대상자: 다문화가족, 탄광근로자, 재외동포
- 민영주택 기관추천대상자: 해외취업근로자

기관추천 물량은 원칙적으로 국민주택/민영주택 각각 10%씩이다. 그리고 무주택이 기본인데, 주민등록등본을 구성하는 세대 전체가 무주택이어야 한다. 여기서 주의해야 할 것은 1세대에서 1명만 신청할 수 있다는 점이다. 당첨확률을 높인다고 부부 둘 다 신청하면 안 된다. 대상주택은 기본적으로 전용면적 85m² 이하의 분양주택(국민주택, 민영주택)이며, 한부모가족, 국군포로, 위안부피해자, 철거주택세입자 기관추천의 경우에는 공공임대주택에 해당한다.

  * 단, 투기과열지구 내 분양가 9억 초과 주택(모델)은 기관추천 물량 대상에서 제외

청약통장은 최소 6개월이 경과해야 하는데, 어느 정도 경쟁이 치열한 곳은 3년 이상은 되어야 당첨을 기대해 볼 수 있다.

2) 신혼부부 특별공급

- 국민주택/민영주택 대상자: 입주자모집공고일 현재 혼인 기간이 7년 이내인 신혼부부
- 국민주택 대상자: 입주자모집공고일 현재 만6세 이하의 자녀(태아 포함)를 둔 부모가족, 입주 전까지 혼인 사실을 증명할 수 있는 예비신혼부부

신혼부부 물량은 원칙적으로 전체의 20% 내에서 결정된다. 물론 무주택이 기본이며, 특히 신혼부부는 혼인신고일로부터 입주자모집공고일

까지 계속 무주택자여야 한다. 단, 공공주택 특별법이 적용되는 주택은 30% 내에서 결정되기도 한다.

> * 단, 공공주택 특별법 적용 국민주택은 아래에 해당하는 한부모가족 및 예비신혼부부도 청약가능.
> 한부모가족: 입주자모집공고일 현재 만6세 이하의 자녀(태아 포함)를 둔 경우에 한함.
> 예비신혼부부: 혼인을 계획 중이며 해당 주택의 입주 전까지 혼인 사실을 증명할 수 있는 경우.

청약통장은 최소 6개월이 경과해야 하는데, 경쟁이 심하기 때문에 24회 이상은 납입되어 있어야 당첨가능성을 볼 수 있다.

배점요소	기준	점수
가구소득	월평균소득 80%이하 (부부모두 소득이 잇는 경우 100% 이하)	1
	배점기준 소득 초과	0
미성년 자녀 수	3명 이상	3
	2명	2
	1명	1
해당지역 거주기간	3년 이상	3
	1년 이상 ~ 3년 미만	2
	1년 미만	1
	해당지역에 거주하지 않는 경우	0
혼인기간	3년 이하	3

혼인기간	3년 초과 ~ 5년 이하	2
	5년 초과 ~ 7년 이하	1
	예비 신혼부부	0
한부모가족의 자녀나이	만2세 이하 (태아제외)	3
	만3세 또는 4세	2
	만5세 또는 6세	1
	태아	1
입주자저축 납입횟수	24회 이상	3
	12회 이상 ~ 24회 미만	2
	6회 이상 ~ 12회 미만	1

신혼부부 특별공급(이하 신특)의 경우 소득기준 요건을 반드시 체크해야 한다. 여러 요인 중 가장 많은 수의 부적격이 나오는 이유가 바로 소득요건의 오류이므로 이에 대해서는 정확하게 이해해야 한다.

기본적으로 소득요건은 국민주택인지 민영주택인지에 다르다. 국민주택일 경우 부부합산으로 직전년도 소득이 도시근로소득의 120%를 넘지 않아야 하고, 민영주택의 경우 130%를 넘지 않아야 한다.

보다 구체적으로 예를 들자면, 2019년을 기준으로 3인 이하 가정의 가구 월평균소득액은 5,554,933원인데, 이는 부부합산 기준이다. 따라서 국민주택을 신특으로 청약하려면 부부합산 수입이 월평균소득액의 120%인 월 6,665,980원을 넘지 않아야 하고, 민영주택을 신특으로 청약하려면 부부합산 수입이 월평균소득액의 130%인 월 7,221,412원을 넘지 않아야 한다.

이 수입의 기준도 명확하게 알아야 하는데, 근로자라면 홈택스에서 근로소득원천징수영수증을 떼서 나온 총 급여액을 기준으로 한다. 사업자라면 전년도 종합소득세 소득금액증명원상 과세대상급여액을 기준으로 하면 된다.

또한 1세대에서 1인만 신청할 수 있다는 점도 주의해야 한다. 부부 중 한 명만 신청해야 한다는 이야기다. 또한 신특으로 청약했더라도 확률을 높이기 위해서는 일반청약에서도 도전하는 것이 좋다. 이때는 부부 둘 다 신청 가능하다.

참고로 기준소득에 해당하는 신청자에게 신혼부부 특별공급 배정물량의 75퍼센트를 우선공급하며, 경쟁이 있는 경우 미성년 자녀 유무에 따라 입주자를 선정한다. 순위를 산정하는 방법은 다음과 같다. 입주자모집공고일 현재 혼인관계에 있는 배우자와의 사이에서 출산한 미성년인 자녀가 있는 경우가 1순위, 그렇지 않은 경우가 2순위다. 같은 순위에서 경쟁이 있는 경우에는 1. 해당 주택건설지역 거주자, 2. 미성년 자녀 수가 많은 자 순으로 선정하고 만약 미성년 자녀 수가 같을 때는 추첨을 한다.

(공공주택 특별법 적용 국민주택)

(단위: 원)

특별공급 유형	구분	3인 이하	4인	5인	6인	7인	8인
생애최초, 신혼부부 (배우자소득이 없는 경우)	월평균 소득 100%	5,554,983	6,226,342	6,983,354	7,594,083	8,249,812	8,905,541
다자녀가구, 노부모부양, 신혼부부 (배우자 소득이 있는 경우)	월평균 소득 120%	6,665,980	7,471,610	8,326,025	9,112,900	9,899,774	10,686,649

* 8인 초과 1인 평균가산금액: 655,729

연간소득확인
- 근로자: 근로소득원천징수영수증(비과세소득 제외) 상의 총급여액(21번) 및 근로소득자용 소득금액증명 상의 과세대상급여액
- 사업자: 전년도 종합소득세 소득금액증명 원본상 과세대상급여액 기준

구분	
신혼부부	무주택세대구성원 전원 (임신 중 태아수 포함)
다자녀가구	
생애최초	무주택세대구성원 전원 (임신 중 태아 제외)단, 신청자의 직계존속은 신청자 또는 배우자와 1년 이상 같은 주민등본에 등재되어 있는 경우에만 포함
노부모부양	무주택세대구성원 전원 (임신 중 태아 제외) 및 피부양자와 피부양자의 배우자 포함

참고: 2019년 평균소득

출처 청약홈

3) 다자녀가구

- 국민주택/민영주택 대상자: 입주자모집공고일 현재 자녀가 3명 이상인 부부(태아, 입양 포함으로 미성년자).

다자녀가구 물량은 원칙적으로 전체의 10% 내에서 결정된다. 역시 무주택이 기본이며, 선정 방법은 다자녀가점 배점기준표에 따라 점수가 높은 순으로 당첨자를 뽑는다.

청약통장은 최소 6개월이 경과해야 하고, 기관추천이나 신특에 비해 경쟁이 덜하긴 하지만 그래도 역시 24회 이상은 납입되어 있어야 안전하게 당첨확률을 가져갈 수 있다.

- 다자녀가구의 경우 국민주택과 민영주택에 대해 소득기준이 매우 상이하다.
- 공공주택일 경우는 도시근로자 가구당 월평균 소득의 120% 이하여야 한다.
- 민영주택의 경우는 소득기준이 미적용된다. 따라서 고소득 다자녀 가구가 민영주택 특공을 노릴 경우, 굉장히 유리한 입장에서 좋은 아파트를 가져갈 수 있는 기회가 있다.

다자녀가구 특별공급은 부부 중 1명만 지원할 수 있다. 다만 일반공급신청도 같이할 수 있기 때문에 다자녀 특별공급을 부부 중 1명이 하고, 일반분양은 부부 둘 다 청약하게 되면 더욱 높은 확률로 당첨기회를 가질 수 있다.

평점요소	배점기준	점수
미성년 자녀 수	5명 이상	40
	4명	35
	3명	30
영유아 자녀 수	3명 이상	15
	2명	10
	1명	5
세대구성	3세대 이상	5
	한부모 가족	5
무주택기간	10년 이상	20
	5년 이상 10년 미만	15
	1년 이상 5년 미만	10
해당 시·도 거주기간	10년 이상	15
	5년 이상 10년 미만	10
	1년 이상 5년 미만	5
입주자 저축 가입기간	10년 이상	5

다자녀가구는 무엇보다 미성년 자녀 수와 무주택기간이 당락을 크게 좌우한다. 특히 부적격자가 나오는 가장 큰 원인이 무주택기간과 해당 시도 거주기간이므로 여기에 가점을 기재할 때는 가구 내에 세대원 포함하여 중간에 주택을 보유한 적이 없었는지 다시 한번 체크해야 한다.

- 국민주택/민영주택 대상자: 입주자모집공고일 현재 무주택 세대주이
  면서, 청약통장 1순위 자격 보유한 상태로, 만 65세 이상 직계존
  속을 3년 이상 계속 부양하고 있는 경우(등본상에서 하루라도 밖
  으로 나갔으면 안 되며, 반드시 연속되어야 함).

노부모부양 물량은 원칙적으로 국민주택의 경우 5%, 민영주택의 경
우 3%로 결정된다. 청약통장은 최소 6개월이 경과해야 한다.

노부모부양 특공의 경우 소득기준은 다자녀가구 특공과 동일하다. 공
공주택일 경우는 도시근로자 가구당 월평균 소득의 120% 이하여야 하
고, 민영주택의 경우는 소득기준이 미적용된다.

또 주의해야 할 점이라면 청약자는 반드시 등본상의 세대주여야만
한다. 무주택 세대주만이 특별공급을 신청할 수 있으며 세대구성원은
청약이 불가하다는 의미다. 투기과열지구 또는 청약과열지역의 주택에
특별공급 청약 시, 과거 5년 이내 다른 주택에 당첨된 자가 속해 있는
세대주라면 청약이 불가하다.

☐ 5) 생애최초주택구입

- 국민주택 대상자: 입주자모집공고일 현재 혼인 중이거나 자녀가 있으
  면서 5년 이상 소득세를 납입하고, 무주택인 분. 반드시 생애 최초

(세대구성원 모두 과거 주택을 소유한 사실이 없는 경우로 한정)의 주택 구매여야 하며, 입주자모집공고일 현재 혼인 중 또는 자녀가 있거나, 입주자모집공고일 현재 근로자 또는 자영업자로서 5년 이상 소득세를 납부한 분.

생애최초주택 물량은 원칙적으로 20% 내로 결정된다. 청약통장은 2년 이상 가입한 상태로 예치금이 600만원 이상이어야 하며, 생애최초주택구입 특별공급은 국민주택에서만 대상물량이 있고 민영주택은 대상물량이 없다.

6) 이전기관종사자

- 국민주택/민영주택 대상자: 입주자 모집공고일 현재 세종시, 혁신도시 등 비수도권으로 이전하는 기관의 종사자로서 '주택 특별공급대상자 확인서'를 발급받은 분

이전기관종사자의 경우는 대상자가 적고 추첨으로 결정되기 때문에 굉장히 높은 당첨확률을 가지게 된다. 다만 특별공급 대상인 종사자와 그 세대에 속한 자(배우자 분리세대 포함)가 해당 지역에 주택을 가지고 있거나, 해당 지역에서 일반분양에 당첨된 경우는 특별공급 부적격 사유가 되니 주의해야 한다.

- 국민주택/민영주택 대상자: 입주자 모집공고일 현재 시도지사가 정한 외국인 중 무주택자

외국인 특별공급은 모든 외국인에게 기회를 주는 것은 아니다. 외국인투자촉진법에 의거한 시책을 추진하기 위한 외국인력에 대한 주거대책을 위해 마련하는 것이다. 이것도 대상자가 많지 않은 상태에서 추첨으로 결정되기 때문에 높은 당첨확률을 가지게 되는 장점이 있다.

총 7가지 특별공급에 대해 알아봤다. 간단해 보이지만 이 정도면 대한민국 청약주택에 대한 정보를 상위 30% 정도 수준으로 알고 있는 것이라 생각해도 무방하다. 특히 특별공급은 과연 나 또는 가족이 특별공급 대상이 되는지를 파악하고, 해당이 된다면 평생에 한번 있는 기회이기 때문에 놓치지 말고 지원해야 한다.

이것을 아는 사람과 모르는 사람 간의 당첨확률 격차는 상상을 초월하기 때문에 절대 놓쳐서는 안 된다. 특공을 통한 자산소득은 노동소득으로 5년간 열심히 해서 버는 수익과 맞먹거나 그 이상이 되는 경우가 대부분이기 때문이다.

2. 일반공급

지금까지 특별공급을 알아보았으니, 이제는 일반공급에 대해 살펴보자. 일반공급은 민영주택(가점제, 추첨제)과 국민주택(순위순차제)로 나뉘어 있다.

우선 민영주택은 청약순위(1·2순위)에 따라 입주자를 선정한다. 유의할 점은 1순위 미달 시에만 2순위 입주자를 선정하고, 1순위 중 같은 순위 안에 경쟁이 있을 시 가점 및 추첨제로 입주자를 선정한다는 것이다. 2순위는 추첨 방식으로 입주자가 선정된다는 것도 특징이다.

* 민영주택 선정 비율

주거전용 면적	투기과열지구	청약과열지구	수도권 내 공공주택지구	85m² 초과 공공건설임대 주택	그 외 주택
85m² 이하	가점제: 100% 추첨제: 0%	가점제: 75% 추첨제: 25%	가점제: 100% 추첨제: 0%	-	가점제: 40%(~0%) (시장 등이 40%이하로 조정가능) 추첨제: 60~100%
85m² 초과	가점제: 50% 추첨제: 50%	가점제: 30% 추첨제: 70%	가점제: 50%(~0%) (시장 등이 50%이하로 조정가능) 추첨제: 0%(~100%)	가점제: 100% 추첨제: 0%	가점제: 0% 추첨제: 100%

다음은 주택소유 여부에 따른 추첨제 당첨자 선정기준을 알아보자.

우선 대상주택은 투기과열지구, 청약과열지역, 수도권 및 광역시에서 공급하는 민영주택 1순위이며, 가점제 100%를 적용하여 입주자를 선정하는 주택은 제외한다. 만약 1순위에서 추첨제를 적용하는 주택 수보다 추첨 대상자가 많을 경우, 다음의 순서에 따라 입주자를 선정한다.

1) 추첨으로 공급되는 주택 수의 75퍼센트를 무주택세대에 속한 자에게 우선 공급.
2) 나머지 주택(제1호에서 공급하고 남은 주택 포함)은 무주택세대에 속한 자와 1주택을 소유한 세대에 속한 자[기존 소유 주택 처분조건을 승낙(서약)한 자에 한함. 분양권 등을 소유한 경우에는 제외]에게 우선 공급.
3) 상기 제1호 및 제2호에서 공급하고 남은 주택은 상기 외 주택소유자[1주택 소유(주택처분 미서약) 및 1분양권 등 소유 세대에 속한 자 등]에게 공급.

다음은 국민주택이다. 국민주택은 민영주택에 비해 훨씬 간단한데, 청약순위(1·2순위)에 따라 입주자를 선정하며 1순위 미달 시에만 2순위 입주자를 선정한다. 1순위 중 같은 순위 안에 경쟁이 있을 시 아래 표의 순차 별로 입주자를 선정한다. 순차 1에 미달할 시에는 순차 2에서 입주자를 선정(1순위)하며, 2순위는 추첨 방식으로 입주자가 선정된다. 일반적으로 40m²를 초과하는 순차 1의 경우, 저축총액이 1,800만원은 되어야 좋은 곳으로 들어갈 수 있다고 보면 된다. 반면 40m² 이하인 순차 1의 경우에는 납입 횟수가 150회는 넘겨야 괜찮은 매물로 입주가 가능하다.

평점요소	배점기준	점수
미성년 자녀 수	5명 이상	40
입주자 저축 가입기간	10년 이상	5

'주택처분서약'의 모든 것

청약홈에서 주택청약을 하다 보면 "처분서약"이라는 말이 등장한다. 단어만 봐도 직관적으로 이해할 수 있듯이, 처분서약은 현재 본인이 가진 집을 처분한다는 조건으로 청약하는 것을 의미한다.

처분서약은 왜 해야 할까? 그것은 당첨확률을 높이기 위함이다. 민영주택 청약을 할 때, 배정물량은 가점제와 추첨제 물량으로 나뉘게 된다. 그때 추첨제 물량을 100%라고 하면 무주택자에게 75%를 우선 배정하고, 거기서 떨어진 무주택자와 1주택 처분자를 합쳐서 나머지 25%를 추첨으로 배정한다. 그리고 여기서도 물량이 남으면 그때 1주택 이상의 유주택자에게 추첨기회가 돌아가는 것이다.

따라서 유주택자는 무주택자가 미달되지 않는 한 당첨이 불가능한 구조다. 그러므로 1주택자가 실질적으로 청약받기 위해서는 ①해당 분양현장이 미달되거나, 아니면 ②1주택을 처분하는 조건으로 추첨제 물량의 25%에 기회를 걸어보는 두 가지 방법뿐이다.

특히 1주택+1분양권을 가진 사람이 자주 실수하는 것인데, 이러한 경우 분양권도 주택으로 보기 때문에 (18.12.11일 이후 매수분) 1주택 처분서약이 불가능하다. 그리고 그렇게 처분서약으로 당첨되었다 하더라도 부정청약으로 간주된다. 따라서 1주택+1분양권을 가진 사람은 처분조건으로 청약할 수 없고, 1분양권을 먼저 매도한 뒤에 1주택만 남았을 때 처분조건으로 청약할 수 있다는 점을 기억해야 한다.

그럼 좀 더 깊게 들어가 보자. 그렇게 처분서약을 한 상태에서 당첨된 주택을 완공 전에 분양권 전매하면 어떻게 될까? 얼핏 보면 당첨된 주택이 완공된 것도 아니고 분양권 상태에서 전매했으므로 문제 될 것이 없어 보일 수 있다. 그러나 그러면 큰 문제가 발생한다. 프리미엄을 받고 분양권을 넘긴 후 처분 서약한 집을 처분하지 않으면 최초 분양받았던 아파트분양권을 박탈당한다. 그런데 진짜 문제는 이 분양권이 팔리고 팔려 최종적으로 누군가가 보유하고 있을 것인데, 그 최종 소유권자가 분양권을 박탈당하는 상황이 발생한다는 점이다. 이에 따라 중간에 매매 했던 모든 사람들이 피해를 입게 되고, 이 모든 피해에 대한 손해배상은 최초로 처분서약으로 분양받았던 사람이 져야 한다. 여기서 끝나는 것이 아니고 건설사에 지급했던 계약금 10%는 계약위반으로 몰수되는 것은 물론이고, 업무방해 등 별도의 손해배상 소송을 당할 수 있다. 즉, 전 재산을 날릴 수도 있는 위험이 있는 것이다. 따라서 청약단계에서 한 처분서약은 중간에 분양권을 매매했다 하더라도 반드시 지켜야 한다.

동일한 '주택처분서약'이라는 용어를 쓰는 경우가 하나 더 있다. 바로, 조정지역 내에서 중도금 대출을 받는 사람이 금융권에 하는 '주택처분서약'이 그것이다. 이는 1주택자가 조정지역 내 분양권을 매수하거나 미달된 현장을 청약해서 분양받았을 때, 중도금 대출을 받기 위해 금융권에 완공 후 2년 내에 주택처분서약을 하는 것을 말한다. 따라서 만약 중도금 대출이 필요치 않고 본인이 직접 현금으로 납입할 수 있는 사람은 금융권에 하는 주택처분서약이 필요치 않다.

여기서 또 하나 알아보자. 만약 금융권 중도금 대출을 위해 주택처분서약을 하고 분양권을 전매한 뒤 완공 후 2년까지 주택처분을 안 하면 어떻게 될까? 이러한 경우, 청약 때와 달리 분양권(완공된 아파트)이 박탈되지는 않는다. 다만 금융권과 주택처분서약을 이행하지 않았기 때문에 모든 금융권에서 담보대출을 3년간 받을 수 없다. 또한 은행 내규 판단에 의해 기존에 받고 있는 다른 금융권 담보대출도 모두 회수될 수 있고, 이행이 안 되면 즉시 경매나 신용불량으로 등재하여 신용상 큰 문제가 발생한다. 조정지역 중도금 대출을 위해 주택 처분서약하고, 다음 날 즉시 대출금을 전부 갚는다 해도 마찬가지로 기존주택을 처분하지 않으면 담보대출이 3년간 제한되는 등 모든 벌칙조건을 받게 되니 주의해야 한다.

4단계

청약통장, 정확히 알자

분양투자를 하기 위한 첫 번째 단계이자 제일 중요한 과정은 바로 청약통장을 만드는 것이다.

예전에는 청약저축, 청약예금, 청약부금이 있었으나 2009년에 이를 하나로 묶어, 주택청약종합저축으로 일원화되었다. 그리하여 매월 2만 원부터 50만원까지 납입 가능한 상품으로 구성되어 있다.

주택청약은 기본적으로 경쟁률이 매우 높다. 청약하기 위해서는 1순위가 되어야 유리하지만, 1순위가 되려면 납입 기간이 1년 이상 지났거나 납입 횟수가 12회 이상이 되어야 한다. 그리고 현재 1순위인 사람은 약 1천만 명, 2순위인 사람들도 약 1천만 명이다. 국민의 50%가 1~2순위이므로 실질적인 당첨은 가점제를 활용하게 되는데, 여기에는 크게 세 가지 조건이 있다.

1) **무주택 기간** – 30세가 넘어서부터 무주택으로 지냈던 기간을 산정하여, 15년 이상 무주택기간을 유지한 사람의 경우 최대로 받을 수 있는 가점은 32점이다.

2) **부양가족 수** – 부양가족 1명당 5점씩 가점이 붙으며, 최대 가점은 35점이다.

3) **주택청약 종합저축통장 가입 기간** – 15년 이상 가입을 유지했을 경우 최대 17점을 받을 수 있다.

또 하나, 청년우대형 주택청약통장도 짚고 넘어가자. 기본적으로 주택청약 종합저축통장은 가입 조건에 나이 제한이 없지만, 당신이 만 19세 이상부터 만 34세 이하의 청년이라면 청년 우대형 주택청약 통장을 만들어 볼 수 있다. 장점은 위와 같이 세 가지를 뽑아 보겠다.

1) 기존의 주택청약종합저축통장의 청약 기능과 소득공제 혜택 유지 가능.

2) 10년간 최대 연 3.3%의 금리와 이자소득 비과세 혜택 제공.

3) 무주택 세대주뿐 아니라 무주택 세대의 세대원인 청년(만 18세 이상 만 34세 이하)과 연 소득 3천만원 이하 직장인도 가입 가능(1인 창업가, 프리랜서 등 사업소득자 및 기타소득자 가능).

주의할 점이라면, 청약 후 당첨이 되었는데 추첨 결과가 마음에 들지 않거나 자금 여력이 없어서 분양대금을 치르지 못하고 포기할 경우 청년우대형 청약통장을 사용할 수 없다는 것이다. 그 외 가입 후 주택청약 진행 시 적용되는 청약 자격, 청약신청 방법, 소득공제 등은 일반 주택청약종합저축 상품과 동일하며, 기존의 가입자들도 가입조건을 충족하면 전환 가능하다(단, 기존 계좌가 청약당첨계좌일 경우엔 전환 불가).

이 두 가지 청약통장(주택청약종합저축통장, 청년우대형 주택청약 통장)이 현재 대한민국에서 넣을 수 있는 청약통장의 종류에 속한다. 일반공급과 특별공급, 가점제와 추첨제에 앞서 '청약전략'을 세우는 시점은 바로 이 청약통장의 개설이다. 내가 어떤 유형에 속하는지, 그리고 세 가지 조건 중 몇 가지를 채워서 가점을 받을 수 있는지를 미리부터 계산하여 실패하지 않는 전략을 세워 보도록 하자.

청약통장은 '반드시'
매월 10만원씩 넣어야 한다

청약통장에 매달 얼마씩 넣어야 하는가?

이에 대해 잘 모르거나, 정확히 이해하지 못해 나중에 가서야 크게 후회하는 사람이 많다. 하지만 그때는 이미 늦었고 답이 없는 상황이 된다.

결론부터 이야기하면 청약통장은 아무리 생활이 어렵고 힘들더라도 반드시 10만원을 맞춰서 한 번에 넣어야 한다.

청약통장으로 청약 가능한 주택의 종류는 앞서 본문에서 설명한 대로 국민주택과 민영주택으로 나눠진다. 그런데 실질적으로 민영주택은 조합원과 건설사의 이윤추구가 목적이기 때문에 분양가격이 시세와 비슷하거나 더 비싼 경우가 일반적이다. 싸게 나오는 경우는 상당히 드물다. 하지만 공공주택은 다르다. 국가에서 주거안정을 위해 건설하는 것을 목적으로 하기 때문에 기본적으로 분양가격이 싸고 여러 조건이 좋다.

그런데 이러한 국민주택을 청약하기 위해서는 민영주택의 가점제와 달리 "인정 불입금액"으로 평가한다. 그리고 청약통장에 매월 10만원씩 넣어야 하는 이유가 바로 이러한 국민주택에 좀 더 유리하게 청약하기 위해서이다.

예를 들어보자.
18살에 청약통장을 가입한 A와 B가 있다.
A는 18살부터 한 달에 2만원씩 넣었고,
B는 18살부터 한 달에 10만원씩 넣었다.

그렇게 17년이 지나서 35살이 되었을 때 A와 B는 각각
A = 2만원 x 12개월 x 17년 = 408만원
B = 10만원 x 12개월 x 17년 = 2040만원
이렇게 된다.

사실, 이 둘이 35살에 민영주택에 청약한다고 하면 별 차이가 없다. 85㎡ 이하라면 300만원 이상만 예치하면 되는데 이미 둘 다 300만원 이상이기 때문이다. 청약통장 가입 시점이 동일하기 때문에 완전히 같은 상황이라고 할 수 있다.

하지만, 국민주택이라면 완전히 다른 이야기가 된다. 특히 국민주택은 민영주택보다 훨씬 저렴한 분양가격을 자랑하기 때문에 당첨 시 민영주택보다 훨씬 큰 시세차액을 기대할 수 있다. 게다가 요즘 지어지는 국민주택은 과거와 달리 위치도 굉장히 좋은 곳에

지어지는 경우가 많아서 같은 조건에서 민영주택보다 가격, 위치 면에서 국민주택이 여러모로 유리하다.

이러한 국민주택은 게임의 규칙이 다르다. 가점으로 보지 않고, 인정저축총액으로만 계산해서 순서대로 끊어버린다. 최근 마곡 공공분양주택 예로 들자면 인정저축총액이 약 2,000만원 정도에서 커트라인이었다.

그러면 A와 B를 비교해 보자. A는 인정 저축총액 408만원이고, B는 인정 저축총액 2,040만원이다. 따라서 A는 당첨을 꿈도 꿀 수 없지만, B는 당첨이 된다. 나이가 고작 35세인데 말이다.

일반 민영주택이었다면 분양가도 더 비싸고 청약 가점으로 따지기 때문에 무주택 최소 45세 이상이어야 (실질적으로는 마곡은 무주택을 유지한 상태로 50대는 돼야 함) 커트라인 될까 말까지만 B는 35살에 마곡의 가장 싼 공공분양 아파트를 분양받을 수 있게 되었다. A와 B의 자산은 이 한순간으로 인해 이제 5억 정도 차이가 나게 된다.

따라서 매달 꾸준히 10만원씩 불입하는 게 매우 중요하다.

다만 눈치가 빠른 사람이라면 필자가 '인정 저축총액'이라는 용어를 썼다는 점을 눈여겨보았을 것이다. 인정불입총액이란 간단히 1달 1회차에 불입한 금액으로 최대 10만원까지만 인정해 준다는 것이다.

즉 어떤 사람은 매달 2만원씩 불입하다가 청약 직전에 2,000만 원쯤 확 넣으면 되지 않을까 하지만 그렇지 않다는 것이다. 청약통장에 얼마가 있던 관계없이 한 달에 최대 10만원까지만 납입금액을 인정하는 것이다. 나중에 불입해도 안되고, 한 달에 두 번 나눠서 10만원을 맞춰도 안 된다. 반드시 한 달에 한 번 10만원까지이다.

따라서 청약통장을 만들면 아무리 어렵고 힘들더라도, 묻지도 따지지도 말고 한 달에 10만원은 꼭 불입하기 바란다. 그 노력이 5억 이상의 시세차익으로 돌아올 것이기 때문이다.

가점제와 추첨제

가점제와 추첨제, 왜 정확히 알아야 할까? 이유는 간단하다. 가점이 안 됐을때 추첨제, 즉 빵빵이 잡을 수 있는 기회가 있는지 없는지를 판가름하기 위함이다. 만약 기회가 있다고 생각된다면 즉각 청약을 넣어 거머쥐어야 한다. 한데, 많은 분들은 청약이 무조건 가점제라고 짐작하는 경우가 많다. '나는 가점이 낮아서 안 돼' 하는 식으로 포기해 버리는 경우도 있다. 그래서는 안 된다. 청약추첨제가 1/100 확률이라면 로또의 확률은 1/8,000,000이다. 아무리 백분지 일이라도 로또보다는 훨씬 높은 가능성이요, 해볼 만한 싸움이지 않은가? 물론 각 청약 단지별로 미래가치나 제약조건 등을 고려해야 하지만 변수를 다 고려해서는 앞으로 나갈 수 없다. 그러므로 우리는 가점제와 추첨제를 완전정복할 필요가 있다.

(비교 군)	공공택지	투기 과열 지구	청약 과열 지구, 수도권	지방
85m² 이하	수도권 공공택지는 100% 가점제	100% 가점제	가점제 75% 추첨제 25%	40% 이하 가점제로 지자체에서 정함
85m² 초과	지자체장이 50% 이하 범위로 추첨제 &가점제 비율을 정함	가점제 50%, 추첨제 50%	가점제 30% 추첨제 70%	100% 추첨제

우선 투기지역과 투기과열지역의 종류 및 기준을 알아보자. 두 지역에서 85m² 이하(30평 이하)는 100% 가점제가 적용되며, 추첨의 기회는 없다. 투기지역은 서울 11개구(강남, 서초, 송파, 강동, 용산, 서동, 노원, 마포, 양천, 영등포, 강서)와 세종시가 해당된다. 그리고 투기과열지구는 서울 25개구(전지역)와 과천, 세종, 분당, 대구 일부 지역이 해당된다.

* 투기과열지구 지정 현황

지역	지정지역
서울특별시	전역 (25개구)
경기도	광명시, 과천시, 성남시, 분당구, 하남시
대구광역시	수성구
세종특별자치시	행정중심복합도시 건설 예정지역

단, 투기지역은 서울 강남, 서초, 송파, 강동, 용산, 서동, 노원, 마포, 양천, 영등포, 강서, 세종시

가점제와 추첨제, 투기과열지구에 대해 약간의 설명을 덧붙이고 넘어가자. 서울은 투기과열지구 혹은 투기지역이기에 청약의 입장에서 보면 비슷한 제재를 받는다. 전용면적 85㎡ 이하에서는 백퍼센트 가점제로만 뽑기에 청약가점이 높지 않다면 사실상 불가능한 목표이다.

따라서 청약가점이 높지 않다면 전용면적 85㎡를 초과하는 아파트가 유리하다. 가점제로 50%, 또 추첨제로 50%를 뽑기 때문이다. 그러나 85㎡를 초과하는 대형 평수는 서울에서 분양되는 것을 보기 어렵다. 평수가 커지면 분양가도 비싸지므로, 본인의 재정상태나 주거목표 등에 맞춰서 청약전략을 세워야 하겠다.

* 민영주택 가점제·추첨제 적용 비율 (자료: 국토교통부)

구분	85㎡ 이하		85㎡ 초과	
	가점제	추첨제	가점제	추첨제
수도권 공공택지	100%	–	가점제 50% 이하에서 지방자치단체가 결정	
투기과열지구	100%	–	50%	50%
청약과열지구	75%	25%	30%	70%
기타 지역	가점제 40% 이하에서 지방자치단체가 결정		–	100%

* 가점제(만점 84점): 무주택기간 32점, 부양가족 35점, 저축기간 17점

다음은 조정지역이다. 청약과열지구라고도 하는 조정지역은 구리시, 안양시 동안구·만안구, 용인시 수지구·기흥구, 고양시[삼송택지개발지구, 원흥·지축·향동 공공주택지구, 덕은·킨텍스(고양국제전시장) 1단

계·고양관광문화단지(한류월드) 도시개발구역], 남양주시(다산동, 별내동), 의왕시, 수원시 팔달구·영통구·권선구·장안구, 하남시, 동탄2택지개발지구, 광교택지개발지구가 해당된다.

[조정대상지역]

구리시, 안양시 동안구·만안구, 용인시 수지구·기흥구, 고양시[삼송택지개발지구, 원흥·지축·향동 공공주택지구, 덕은·킨텍스(고양국제전시장)1단계·고양관광문화단지(한류월드) 도시개발구역], 남양주시(다산동, 별내동), 의왕시, 수원시 팔달구·영통구·권선구·장안구, 하남시, 동탄2택지개발지구, 광교택지개발지구

[투기과열지구]

서울 (구로, 금천, 동작, 관악, 은평, 서대문, 종로, 중, 성북, 강북, 도봉, 중랑, 동대문, 광진), 광명시, 과천시, 성남시, 분당구, 하남시, 대구수성구

[투기지역]

서울 (강남, 서초, 송파, 강동, 용산, 성동, 노원, 마포, 양천, 영등포, 강서), 세종시

출처: 청약홈 2020.03.

조정지역에서 85㎡ 이하의 경우 가점제 75%에 추첨제가 25% 배정되고, 85㎡ 이상의 경우는 가점제 30%에 추첨제는 70%를 배정한다. 여기서 알아야 할 점은 추첨제라고 무주택자/1주택자/다주택자를 다 함께 뽑는 것이 아니라, 추첨제 물량 전체의 75%는 무주택자끼리만 돌려서 우선 뽑고, 거기서 떨어진 무주택자들과 1주택 처분서약을 한 유주택자를 모아 나머지 25% 물량에 대해 경쟁한다. 여기서도 물량이 남을

경우 다주택자에게도 추첨기회를 주는 것이다. 결론은, 무주택 또는 1 주택 처분조건을 갖춰야 청약추첨시장에서 가능성을 높일 수 있다는 것이다.

추첨제 물량의 당첨자 선정방식 예제

* 추첨물량 100개에 800명 지원 가정 시.

청약자구분	인원	추첨순서
무주택자	160	1단계: 무주택자 160명을 대상으로 75%(100개 중 75개) 무작위 추첨(150명−75명 = 85명 남음)
1주택처분자	190	2단계: 1단계에서 떨어진 무주택자 85명에 1주택 처분자 190명을 더한 총 275명을 대상으로 잔여 25%(25개) 무작위 추첨
유주택자	450	3단계: 2단계까지 미달시, 유주택자에게 기회 부여
합계	800	※ 예비당첨은 가점 순으로 투기과열지역 500% 조정지역 300%로 선정

마지막으로 남은 지역이 비규제지역(비조정지역)이다. 비규제지역은 85㎡ 이하는 가점제 40%, 추첨제 75%, 85㎡ 초과에 대해서는 추첨제 100%로 진행한다. 그럼에도 방심은 금물이다. 여기서 말하는 '추첨제' 는 앞에서 말했던 것처럼 무주택자랑 유주택자를 모두 놓고 뺑뺑이를 돌리는 것이 아니다. 추첨제 물량의 75%는 무주택자끼리 경쟁하고, 나머지 25%는 거기서 떨어진 무주택자와 1주택 처분자끼리 경쟁하며, 그 후에도 물량이 남을 때 1주택 이상 유주택자들이 추첨으로 가져간다. 비규제지역은 투기지역, 투기과열지역, 조정대상지역을 제외한 전부인 만큼 옥석을 잘 가려서 청약해야만 한다. 규제지역과는 달리 알아서 인 프라가 깔리지 않고, 영원히 땅값이 오르지 않거나 심지어 떨어질 수도

있기 때문이다. 가져가기 쉽다는 것에 현혹되어 함부로 손을 댔다간 갖고 있을 수도 팔 수도 없는 애물단지로 전락하기에 십상이다.

* 비조정지역

> 투기지역, 투기과열지역, 조정지역을 제외한 모든 지역

청약 1순위 조건 중 청약통장 가입 기간은 어떻게 될까?

투기과열지구 및 조정대상지역에서는 가입 후 2년이 경과한 사람이 대상이다. 반면 투기과열지구 및 조정대상지역 외에서는 두 가지로 나뉜다. 수도권 지역에서는 가입 후 1년이 경과한 사람(시/도지사가 2년까지 연장가능)이 대상이며, 기타 광역시에서는 가입 후 6개월이 경과한 사람(시/도지사가 1년까지 연장가능)이 대상이다. 청약 1순위 조건 중 납입금액은 더욱 단순한데, 매월 약정 납입일에 낸 납입 인정금액이 지역별 예치금액 이상인 사람이 해당한다.

여기까지 아파트 청약, 가점제와 추첨제의 진실을 알아보았다. 다시 한번 정리하면 핵심 포인트는 세 가지이다. 첫째는 규제지역 / 비규제지역에 따라 가점제와 추첨제의 비율이 다르고, 84㎡ 이상이냐, 이하냐에 따라서도 다르며, 추첨제는 무주택자에게 우선적인 기회를 준다는 것(1주택처분자에게는 아주 낮은 확률로 기회가 간다)이다. 좋은 청약기회에 당첨의 행운이 함께하길 바라며, 6장에서는 가점제의 요소와 자주 나오는 실수에 대해 알아보겠다.

무주택으로 인정해 주는 주택의 종류

주택을 보유하고 있지만, 청약할 때 무주택으로 인정해 주는 경우가 있다. 본인이 알지 못하면 아무도 가르쳐 주지 않기 때문에 이러한 예외규정은 정확히 알아야 한다. 다양한 경우가 있으나 가장 많은 사람들이 해당되는 중요한 사항을 위주로 알아보자.

1. 60㎡ 이하 소형·저가주택은 무주택으로 인정

1세대에 하나만을 보유한 경우 인정되며, 주택/분양권도 인정되나 주택가격이 청약하려는 분양단지의 입주자모집공고일에 가장 가까운 날의 공시지가 기준으로 주택가격 8천만원(수도권 1억3천만원) 이하인 주택만이 인정된다. 시세가 아니고 공시지가임을 기억하자.

2. 20㎡ 이하의 주택은 무주택으로 인정

1세대에 하나만을 보유한 경우 인정되며, 주택/분양권도 인정된다.

3. 18.12.11. 이전에 분양받거나 매입한 분양권은 무주택으로 인정

분양권은 9·13 대책 시행일 이전에 보유하고 있던 분양권 등은 인정되나 그 이후에 분양받거나 매입한 분양권은 모두 주택으로 본다.

4. 미분양된 분양권은 무주택으로 인정

청약에서 미달된 분양단지를 매수한 경우 무주택으로 인정되나, 특정 타입만 미분양된 경우는 해당 미분양 타입만 무주택으로 인정된다.

5. 오피스텔은 무주택으로 인정

주택으로 보지 않는 오피스텔은 무주택으로 인정되나, 도시형 생활주택은 주택 수에 포함된다.

가점제 요소와 자주 나오는 실수는 무엇인가?

'가점제에서 자주 나오는 실수'라고 하면 대부분의 사람들은 고개를 갸웃거린다. 그도 그럴 것이 가점제는 딱히 어려운 절차가 아니기 때문이다. 무주택기간과 부양가족, 청약통장기간 세 가지만 잘 계산하면 되는데 청약통약 가입기간은 자동으로 계산까지 해준다. 그러므로 우리가 할 일은 무주택기간과 부양가족 수, 두 가지만 잘 넣는 것뿐이다.

놀라운 점은 부적격으로 당첨 권리를 박탈당하는 당첨자들의 비중이 무려 20~30%에 달한다는 사실이다. 대부분의 사람들은 부동산청약과 지역 분석에 온종일 매달리는 전문가가 아니다. 회사업무나 집안일을 보다가, 또는 개인적인 용무를 보다가 생각이 나서 넣는다면 실수할 공산은 더욱 크다. 부적격으로 권리를 박탈당하면 그 한번만 불이익을 받는 것이 아니다. 재당첨기한에 걸려 수도권 과밀억제권역(85㎡ 이하)의 경우는 5년, 그 외 지역은 3년간 당첨이 불가능할 수도 있다(85㎡ 초과의 경우는 수도권 과밀억제권역 3년, 그 외 지역 1년). 만약 부정청약이 적발될 경우에는 3년 이하의 징역, 3천만원 하의 벌금의 형사처벌이 가해지고, 위반행위 적발일로부터 최장 10년간 청약신청이 제한되니 부주의든 고의든 제약을 받는 일들이 없도록 해야 할 것이다.

우선 청약 가점은 3가지 요소로 나뉜다. 1. 무주택기간(32점), 2. 부양가족 수(35점), 3. 청약통장 가입기간(17점), 총합 84점 만점이다.

먼저 무주택기간은 1년 미만을 2점으로 삼고, 한 해를 더할 때마다 2점씩 올라가는 식이다. 총 15년으로 32점이 만점이며 무주택기간의 '시작기준'이란 청약자의 나이가 만으로 30세 되는 날부터 입주자모집공고일까지의 기간을 말한다. 그런데 만약 청약자가 30세 이전에라도 결혼을 했다면, 혼인신고를 한 날부터 무주택기간이 시작됐다고 인정을 받을 수 있다. 또한 집을 사고팔았던 이력이 있을 때, 마지막 집을 매각하여 등기이전이 완료된 날을 시작일으로 계산하는 것이 기본적 개념이다.

* 무주택기간: 최대 32점

1년 미만	2	8년 이상~9년 미만	18
1년 이상~2년 미만	4	9년 이상~10년 미만	20
2년 이상~3년 미만	6	10년 이상~11년 미만	22
3년 이상~4년 미만	8	11년 이상~12년 미만	24
4년 이상~5년 미만	10	12년 이상~13년 미만	26
5년 이상~6년 미만	12	13년 이상~14년 미만	28
6년 이상~7년 미만	14	14년 이상~15년 미만	30
7년 이상~8년 미만	16	15년 이상	32

보기만 하면 간단한 구성이지만, 많은 이들이 여기서 부적격 판정을 받는다. 바로 '본인의 주택이 없다는 것'만 생각했기 때문이다. 무주택은 주민등록등본에 있는 모든 세대 구성원이 집이 없어야 한다는 것을 의미하는데, 나 이외의 등본상 구성원이 한 명이라도 집을 보유하고 있으면 원칙적으로 유주택자가 되기 때문이다. 따라서 무주택기간은 0점. 주민등록등본에 세대원으로 구성된 부모님이나 배우자의 부모님, 자녀들이 모두 무주택 상태여야 무주택기간을 인정받는다. 예외는 어떨까? 첫째, 만 60세 이상 부모님의 경우는 주택을 소유했다 해도 무주택자격으로 청약이 가능하다. 둘째, 소형저가주택(전용면적 60㎡ 이하, 공시가격으로 수도권 기준 1.3억원 이하(비수도권은 8천만원)인 주택을 1채만 가지고 있을 경우에는 무주택을 인정받는다.

넘어가기 전, 입주자 저축가입 적용기간에 대해 잠시 알아보자.

입주자 저축가입기간은 청약가점제에서 17점이 부여된다. 입주자 저축가입자의 가입기간을 기준으로 하며, 입주자 저축의 종류, 금액, 가입자 명의 변경을 한 경우에도 최초 가입일을 기준으로 가입기간을 산정한다. 입주자모집공고일 현재 1호 또는 1세대의 주택을 소유한 세대에 속한 자, 그리고 과거 2년 이내에 가점제를 적용받아 다른 주택의 당첨자가 된 자의 세대에 속한 자는 제1순위에서 가점제의 적용 대상자에서 제외되며, 추첨제의 적용 대상자에 포함된다.

6월 미만	1	8년 이상~9년 미만	10
6월 이상~1년 미만	2	9년 이상~10년 미만	11
1년 이상~2년 미만	3	10년 이상~11년 미만	12
2년 이상~3년 미만	4	11년 이상~12년 미만	13
3년 이상~4년 미만	5	12년 이상~13년 미만	14
4년 이상~5년 미만	6	13년 이상~14년 미만	15
5년 이상~6년 미만	7	14년 이상~15년 미만	16
6년 이상~7년 미만	8	15년 이상	17
7년 이상~8년 미만	9		

다음으로 많은 부적격 이유는 '세대주요건'이다. 투기지역과 투기과열지역, 조정지역에서 1순위로 청약하기 위해서는 반드시 세대주여야 한다. 세대주 여부는 주민등록등본에 나타나는데, 이를 보고 청약일 전날까지만 세대주를 변경하면 되는 줄 아는 이들이 있다. 하지만 세대주 변경은 적어도 입주자모집공고일 전까지, 통상 1순위 청약일의 7~10일 전까지는 마쳐야 한다.

세 번째 문제는 '깜빡' 때문이다. 무주택기간 중 잠깐 집을 가지고 있었던 것을 '깜빡'하고, 한두 달 단기주택 매매나 갭투자를 했던 기억을 또 '깜빡'해서 발생한다. 배우자나 세대원이 상속받거나 다른 사람에게 명의를 빌려줘서 주택을 보유한 상태였다는 것을 '깜빡'해도 가차 없이 부적격이다. 청약 당첨이 그리도 어려운데 기껏 경쟁을 뚫고는 부적격으로 날리게 되면 이보다 아쉬울 일이 있겠나.

그러므로 첫째도 조심, 둘째도 조심이다. 우리는 청약에 온 신경을 곤두세운 채 기다리는 부동산 전문가가 아니다. 일상을 영위하고 개인활동을 하다가 잠깐 짬을 내서 청약을 넣다 보니, 더더욱 실수할 가능성이 커지는 것이다.

실수는 모두 알아봤으니, 이제 부양가족 가점표를 살펴보자.

* 부양가족 가점: 최대 35점

0명	5	4명	25
1명	10	5명	30
2명	15	6명 이상	35
3명	20		

간단한 표지만 무주택기간 가점보다 더욱 높은 최대점을 자랑한다. 부양가족은 나를 5점으로 시작하여 1명이 더 있을 때마다 5점씩 계산되는 것이 공식이다. 예를 들어 배우자가 있으면 5+5=10점, 배우자를 포함한 자녀가 2명 있으면 5+5+5+5=20점이 되는 식이다.

이 부양가족에 등재할 수 있는 대상자는 법으로 정해져 있다. 나의 부모님과 배우자, 자녀, 그리고 배우자의 부모님까지만 부양가족 등재가 가능하다. 이러한 부양가족은 원칙적으로 주민등록등본에 세대원으로 등재되어 있어야만 인정받을 수 있는데, 유일한 예외가 있다면 배우자만 분리되어 있을 경우에도 부양가족으로 인정해 준다는 것이다.

부모님의 경우는 또 약간 다르다. 부모님이 부양가족으로 인정받기 위해서는 동일 등본에 연속적으로 3년 이상 등재되어 있어야 하며, 그 미만은 인정받지 못한다. 많은 사람들이 세대원에서 세대주로 바꾸었을 때 부양가족 수에 영향을 주는지를 궁금해하는데 그 점은 관계가 없다. 다만 주의할 점은 '연속적으로 3년 이상'이라는 점이다. 그러므로 등본상에서 단 하루라도 나갔다가 들어온다면 새로 들어온 날짜부터 계산된다.

자녀의 경우에는 만 30세 미만이면 문제가 없지만, 만 30세 이상이라면 주민등록등본에 1년 이상 등재되어 있어야 한다. 또한 등본에 등재된 '60세 이상' 부모님에게 개인 명의로 된 집이 있다면 부양가족으로 인정되지 못하니 이 점을 꼭 명심하자.

마지막으로 청약평형별 예치금 기준(청약신청자주소지)이다.

구분	85㎡	102㎡	135㎡	모든면적
서울/부산	300만원	600만원	1,000만원	1,500만원
기타 광역시	250만원	400만원	700만원	1,000만원
그 외 지역	200만원	300만원	400만원	500만원

위에서도 몇 번을 강조했지만, 가장 많이 나오는 실수는 날짜와 관련이 있다. 아무리 청약통장이 오래되었다 한들 예치금이 없으면 1순위 청약이 불가능하다. 그러므로 예치금은 반드시 청약일이 아닌 입주자모집공고일 이전에 채워 두어야 한다.

또한 공공분양은 청약통장의 가입기간과 최소예치금, 납입 횟수가 주요포인트다. 아무리 청약통장을 개설한 지 오래 되었다 한들, 납입 횟수가 부족하면 청약신청이 불가능하다. 서울지역에서 공공분양 신청을 위해서는 통장 개설 후 2년, 24회에 걸친 납입 조건이 있다. 민간분양의 경우에는 가입기간과 예치금을 함께 충족시키는 것이 중요하다. 서울에서 전용면적 85㎡ 이하 평형이라면 이 표처럼, 최소 예치금은 300만원이다.

시간이 지날수록 청약시장은 전쟁터가 될 것이다. 신규 아파트 공급에 영향을 미칠 '분양가상한제'가 본격적으로 시행되면서 시세보다 저렴한 아파트들이 청약시장에 풀리기 때문이다. 주택도시보증공사(HUG)의 분양가 규제로 청약은 로또가 된 상황이다.

2019년 기준, 서울 분양아파트 1순위에는 무려 34만여 명이 몰린 것도 그 방증이다. 1순위의 평균 청약경쟁률은 28대 1. 이러한 경쟁을 뚫고 청약을 거머쥐었는데 실수 한번으로 날릴 수는 없는 노릇 아니겠는가?

7단계

나의 상황별 실전 청약전략 공개

   여기까지 정보가 누적되었으니 이제 실전으로 들어가 보자.

   지금까지의 정보를 바탕으로 '나'의 상황에 초점을 맞춰서 과연 어떤 청약전략을 써야 하는데 살펴보겠다. 이 과정이 중요한 건, 실제 대부분의 청약 초보가 청약에 대한 배경지식을 상당히 쌓았음에도 실전에 가서는 우왕좌왕하기 때문이다. 다시 말해 우왕좌왕하다 모든 기회를 놓치고 자신감마저 상실하면서 청약시장을 아예 포기해 버리는 수순으로 진행되는 경우가 많다는 것이다. 그래서 지금까지 배운 지식으로 어떤 논리의 흐름으로 청약을 잡아야 하는지 살펴보도록 하자.

Step 1. 특공이 가능한 상황인지부터 검토하라

청약을 할 때 가장 먼저 고려해야 하는 건 분양정보 검색이 아니다! 내가 과연 특별공급 대상이 될 수 있는지를 치밀하게 파악해 보는 것이 첫 번째 단계이며 가장 중요한 단계이다. 당신이 실전 청약을 해 보면 알겠지만, 분양받고 싶은 집은 아마 못해도 수십 대 1의 경쟁률이 기본일 것이다. 그렇지 않은 곳이라면 쉽게 분양받겠지만 쉽게 분양받은 만큼 집값이 오르지 않아서 마음졸일 가능성이 큰 곳이거나 엄청나게 오랜 시간이 지나야 개발계획이 확정되는 그런 곳일 것이다. 따라서 동등한 상태에서 경쟁하지 않고, '비상식적으로' 유리한 입장에서 싸울 수 있는 치트키를 준비하는 게 중요하다. 그 유일한 방법이 바로 특공이다.

앞서 3장에서 설명한 내용을 떠올려 보자. 특별공급은 총 7가지 종류가 있었다.

1. 기관추천　　　　2. 신혼부부　　　　3. 다자녀가구
4. 노부모부양　　　5. 생애최초주택구입　6. 이전기관종사자
7. 외국인 특별공급

아마 대부분의 경우는 6. 이전기관종사자와 7. 외국인 특별공급은 해당하지 않을 것이므로 이 두 개를 제외하면 5가지 상황의 특별공급 가

능성이 있다.

당신이 지금 중소기업에 다니면서 결혼한 지 얼마 안 되었고, 부모님과 같이 살아야 하는 상황이라면 어떨까? 감이 올 것이다. 특공의 노다지에 걸려있는 경우다. 우선 결혼한 지 7년 내라면 2. 신혼부부 특공을 노릴 수 있다. 다음으로 중소기업에 다니기 때문에 1. 기관추천 특공 대상자이다. 게다가 부모님과 같이 살고 있다면 4. 노부모부양 대상이기도 하고, 당연히 지금까지 집이 없었기 때문에 5. 생애최초주택구입 특공 대상자이기도 하다. 저 한 문장의 상황으로 3번 다자녀를 빼고는 모든 특공의 대상자로 선정될 수 있다는 말이다.

여기까지는 누구나 알 수 있는 내용이다. 그런데 이 책을 구매한 당신은 한 단계 더 나아가 보자. 만약 결혼한 지 7년이 지났고, 부모님과 같이 살지 않고 있으며, 자녀는 1명에, 중소기업에 다니다가 지금 자영업을 하는 상황에다가, 예전에 잠깐 집을 샀다가 팔았다면 어떨까?

이러면 모든 특공에서 배제된다. 그럼 여기서 포기해야 할까? 아니라는 말이다. 될 수 있는 방법을 찾아서 의도적으로 세팅해야 한다. 즉 강제로 특공 기준을 만들기 위해 적극적으로 노력해야 한다는 것이다. 일반분양 경쟁률 수십/수백 대 1짜리를 수 대 1 정도 수준으로 낮춰서 경쟁할 수 있는 특권을 활용하는 게 특공이다. 그런 핫한 특공 분양물량을 잡으면 당신이 5~10년간 일해서 모을 수 있는 돈 이상으로의 시세차액을 기대할 수 있다. 온 역량을 집중해서 노력해야 하는 중요한 이유다.

다시 돌아가서 당신이 이 상황이라면 버려야 할 것을 확실히 버려야 한다. 2. 신혼부부 특공은 버려야 한다. 또 3. 다자녀가구 특공도 버려야 한다. 다음으로 5. 생애최초주택구입 특공도 버려야 한다. 나머지는 1. 기관추천 특공과 4. 노부모부양 특공인데, 현재 자영업을 하는 상황이므로 1. 기관추천 특공도 받기 어렵다. 그럼 남은 것은 4. 노부모부양 특공이다. 자, 당신은 어떻게 할 것인가?

나의 제안은 명확하다. 노부모부양 특공의 가점대상을 맞추기 위해 지금 당장 움직이라는 것이다. 물론 소득평균이 되어야겠지만, 즉시 부모님과 합쳐서 3년 이상 부양자격을 맞추는 방법을 찾으라는 말이다.

가장 많은 기회와 물량이 제공되는 2. 신혼부부 특공을 노린다면 올인해야 한다. 핫한 지역 신특에 당첨되면 부부 중 한 명이 5년 동안 버는 수입보다 더 큰 시세차액을 얻을 수 있다. 신특 대상이 되고 자녀 출산계획이 있는 상황이며 부부 중 한쪽의 수입이 크지 않을 경우 과감하게 퇴사하고 태아를 인정하는 출산휴가 때부터 특공을 노려야 한다. 부부 둘의 수입을 합치면 소득기준에 미달하는 경우가 많으나, 둘 중 한 명이 퇴사하면, 웬만한 대기업이 아니고서는 신특 소득기준에 부합한다. 차라리 이렇게 한 명이 쉬면서 신특에 목숨 걸어야 한다. 그렇게 하는 것이 대기업 2명 회사 다니면서 꾸역꾸역 살아가는 집보다 5년 10년 뒤에 월등히 앞선 자산을 보유하게 되는 것이다. 특공은 지름길이다. 꼭 기억해야 한다.

Step 2. 국민주택/민영주택 분양에 대한 요건을 최대한 만들 수 있는 방법을 찾아라

특공대상인지 검토해 보았더니 도저히 방법이 없다면 이제 다른 방법을 찾아야 한다. 여기서도 잠깐! 만약 특공대상자라면 특공을 1회(비규제지역은 부부 중 1명, 규제지역은 세대주 1명) 신청하고 나머지 두 명 다 일반분양에 중복 신청할 수 있으므로 특공 대상자는 특공으로 1번 기회 + 일반분양에서 부부 2번 또 기회가 있다. 이렇게 되면 상당히 높은 당첨확률을 가져갈 수 있으니 특공대상자는 꼭 중복 지원하기 바란다.

주택분양은 공공주택과 민영주택으로 나눌 수 있는데, 둘 다 청약통장 가입기간과 무주택 세대구성 요건을 맞춰놓는 것이 중요하다. 청약은 몇 년에 걸친 노력을 통해 적합한 모양새를 만드는데 아낌없는 투자를 해야 한다. 왜냐면 당신이 10년간 노동소득을 통해 벌어들일 수입보다 더 큰 자산소득을 만들 기회이기 때문이다.

또한 지금부터 할 수 있는 중요한 청약당첨전략을 맞춰놓아야 한다. 그중 하나는 '건설지역 거주기간 요건'을 잘 활용하여 당첨 가능성을 높이는 일이다. 즉, 향후에 분양될 현장을 파악하고 다수의 분양계획이 있는 지역으로 이사해서 실제 거주요건을 맞추는 방법을 말한다. 꼭 지금 사는 지역에서 살아야 할 이유가 없다면 어차피 집도 없는데 향후 분양계획이 많은 곳으로 홀가분하게 이사해서 거주하기 바란다. 그 잠깐의 고민이 향후 십수 년간 당신의 자산규모를 결정하는 시금석이 된다.

다음으로 무주택 부모님과 합칠 수 있으면 합가하는 방법을 찾아라. 3년 이상 당신의 세대에 부모님을 세대원으로 등록하면 부양가족에서 상당히 높은 점수를 얻게 된다. 3년의 노력치고 이렇게 당첨 가능성을 높일 수 있는 확실한 방법은 없다.

Step 3. 가점제/추첨제에 따른 분양 전략을 수립하라

특공도 안되고, 여러 가지 이유로 분양에 유리한 요건도 만들 수 없다면 이제 각 분양공고를 보고 최대한 당첨 가능성을 높이는 전략을 수립할 수밖에 없다.

가점이 높다면 투기과열지구 내에서 분양가상한제를 적용받는 1등 매물을 목표로 청약하는 것이 좋다. 한두 번 실패했다고 포기하지 말고, 가점이 높은 사람이라면 계속 도전해야 한다. 특히 대부분은 시간이 지날수록 가점이 늘어나는 경우일 것이므로 시간은 내 편이라는 마음가짐으로 긴 호흡으로 청약에 임해야 한다. 결국 1등 매물을 분양받기만 하면 그 전에 10년간 부러워했던 유주택자 시세차액을 단번에 따라잡기 때문이다. 급할 것이 없어야 한다.

하지만 만약 가점이 낮다면 고민이 깊어진다. 낮은 가점에서 생각할 수 있는 청약전략은 두 가지가 있는데, 첫째 방법은 관심도가 낮은 분양매물을 타겟으로 옥석을 가리며 청약하는 방법이다. 분양 1등 매물에 대한 당첨 가능성이 극도로 낮다는 현실을 직시하고 경쟁이 비교적 적은 분양매물 중에 저평가 외면받는 분양매물을 찾아야 한다. 이 과정은 상당한 시간과 노력이 필요하다. 하지만 당신이 회사에서 하루종일 일해서 수년간 버는 부가가치와 이렇게 며칠 고생하면서 만들어 낼 자산 부가가치가 비슷할 것이기 때문에 그 이상의 노력도 감수해야 한다.

두 번째 방법은 추첨제 물량에 집중하는 것이다. 투기과열지구 내에서는 85㎡ 이하 물량은 가점제로만 선정하지만 그 외 지역에서는 25%~ 70%까지(때로는 100%) 추첨제로 진행하는 물량이 있다. 추첨제는 방법이 없다. 많이 지원해서 확률을 늘리는 것이 가장 좋은 방법이다. '그게 가능하겠어?'라는 생각으로 포기하는데, 추첨제 수십 수백 대 1의 경쟁률로 집을 얻을 수 있다면 로또보다 훨씬 높은 확률로 당첨 기회를 가져갈 수 있다는 말이다. 조금 번거롭더라도 가점이 부족하다면 추첨제 물량에 청약횟수를 늘리는 방법이 유일하다는 점을 인지하고 더욱 신경 써서 더 많은 기회를 얻을 수 있도록 노력해야 한다.

Step 4. 마지막으로 '줍줍'(무순위청약)에 도전하라

때로는 당신의 상황에서 앞에서 언급한 3가지 방식 모두 사용할 수 없는 여러 가지 말 못 사정이 있는 경우가 있을 것이다. 특히 가점이 낮고 특공도 안되는 1인가구나, 유주택자의 경우는 쉽게 선택할 수 있는 방법이 없다. 이런 경우는 이제 무순위청약 소위 말하는 줍줍에 대한 계획과 전략을 수립해야 한다.

무순위청약은 간단히 이야기하자면 그냥 가점이나 주택소유 등에 관계없이 모두가 동등한 상황에서 추첨을 통해 당첨자를 결정하는 것을 말한다. 무순위청약, 즉 줍줍은 정보가 핵심이다. 얼마나 많이 얼마나 빨리 무순위청약 정보를 수집하고 지원하면서 당첨 기회를 높이느냐가 가장 중요하다.

하지만 현실적으로 무순위청약정보가 건설사마다 예고 없이, 심하면 직전 날 오후 6시에 사전 등록한 소수에게만 통보한다는 문제 때문에 개인은 쉽게 정보를 접하기가 어려운 게 사실이다. 그런 분들이라면 나의 유튜브채널인 '분명남TV'를 검색해서 알람 설정을 해 두기 바란다. 자체적으로 확보한 무순위청약(줍줍) 정보를 가장 먼저 알려주고 있기 때문에, 혼자서 정보를 찾아 헤매는 것보다 훨씬 효율적으로 무순위청약(줍줍) 기회를 얻을 수 있을 것이다.

줍줍(무순위청약) 경험을 통해 배운 노하우

　무순위청약, 소위 줍줍은 투기과열지역과 조정지역이(+수도권과 광역시 전체) 각각 500%, 300%로 예비당첨자를 받으면서 거의 없어지다시피 한 게 사실이다.

　하지만 비조정지역에서는 여전히 줍줍이 가능하기 때문에 어떠한 방식으로 진행해야 하고 어떤 전략으로 임해야 하는지 살펴보자.

　줍줍은 두 가지 방식이 있다. 오프라인 방식과 온라인 방식이 그것이다. 오프라인 방식은 전통적으로 알려진 방식으로서 모델하우스에 줄을 세워서 선착순으로 입장시킨 후 그 사람들을 대상으로 추첨을 통해 당첨자를 선정하게 된다. 다른 하나는 온라인 방식인데, 말 그대로 인터넷 홈페이지를 통해 접수한 사람들을 대상으로 추첨을 통해 당첨자를 선정하는 방식이다.

〈오프라인 줍줍〉

첫째, 일단 모델하우스에 들어가서 번호를 받거나 남겨야 한다.

오프라인 줍줍은 해당 시행사에 따라 운영방식이 완전히 다르다. 어떤 곳은 번호표를 나눠주기도 하고, 어떤 곳은 신분증과 번호표를 같이 복사하기도 하고, 어떤 곳은 본인이 직접 입력시켜 넣는 곳도 있다. 하지만 중요하게 생각해야 할 것이 있다. 줄을 선 모든 사람에게 기회를 주지 않는 곳이 더 많다는 점이다. 모델하우스에 입장 가능한 인원까지만 입장시키고 나머지는 기회를 주지 않는다. 따라서 번호 기회를 받을 수 있게 긴밀하게 현장 상황을 주시해야 한다. 현장이 생각보다 비효율적으로 운영되는 곳이 많기 때문에 현장을 잘 주시하면 좋은 기회를 얻는 경우가 많다. 그러므로 수단과 방법을 가리지 말고 번호표를 받거나 나의 번호를 남기는 데만 집중하도록 하자. 이러한 과정에서 고성과 욕설이 난무하기도 하므로 어린 자녀를 데리고 가거나 몸이 좋지 않은 분들이 현장에 가는 것은 절대 추천하지 않는다.

둘째, 지인이나 가족들과 함께 움직이라.

줍줍은 확률게임이다. 기회를 얻을 수 있는 인원이 많으면 많을수록 당첨확률이 높아지는 아주 당연한 시스템이다. 그래서 그 확률을 높이기 위해 해야 할 것은 많이 지원하는 것이다. 가급적 가족들 또는 지인들과 함께 움직일 수 있도록 하자. 가족이 당첨된다면 직계가족까지는 명의를 변경할 수 있는 경우가 많으니 그런 정보를 활용하도록 하고, 지인이 당첨된다면 열심히 축하해 주고 다음번 현장에서 도움을 줄 수 있게 부탁할 수도 있다. 그리고 오프라인 현장 줍줍은 시간이 상당히 오래 걸리기 때문에 거의 하루 종일 시간을 쏟아부어야 한다. 옆에 누가 함께 있으면 서로에게 큰 도움이 된다.

셋째, 끝날 때까지 끝난 게 아니다.

줍줍 현장에서 초보자들이 실수하는 것이 바로 쉽게 포기하고 집에 가버린다는 점이다. 줍줍은 규칙이 없다. 완전히 끝날 때까지 끝난 게 아니다. 예를 들어 줍줍 당첨이 끝나고 모두 집에 가버린 상황에서, 줍줍 당첨자 중에 누군가가 개인적인 이유나 자금적인 이유로 계약을 못 하게 되어 버린 상황이 발생하면 어떻게 될 것으로 생각하는가? 그냥 거기 마지막까지 남아 있는 사람에게 그 기회가 주어지는 경우가 많다. 시행사는 무조건 당일 현장에서 싹 완판을 시켜야 하기 때문이다. 따라서 줍줍이 완전히 끝나서 문을 닫기 전에는 끝난 게 아니다. 이런 이유로 당신이 계속 기다리고 있는 사람이란 것을 현장관리자에게 인식시켜주기 위해 계속 물어봐야 한다. 예를 들면 이런 식이다. "저 이 아파트에서 꼭 거주해야 합니다. 계속 기다릴 테니, 혹시라도 남는 물량이 생기면 알려주세요!"

〈온라인 줍줍〉

온라인은 오프라인보다 조금 더 수월하다. 단순히 홈페이지에 접속해서 본인의 이름 전화번호 등 개인정보를 입력하면 자동추첨이 되어 당첨자가 선정되는 방식이다. 이것도 중요하게 알아야 할 세 가지 사항이 있다.

첫째, 온라인 줍줍 청약은 오픈하자마자 바로 진행하라.

온라인은 아주 손쉽게 누구나 줍줍에 청약할 수 있다. 그렇기 때문에 수없이 많은 사람들이 접속하게 되고, 시작한 지 한 시간만 지나면 소문이 나서 더 많은 사람들이 접속한다. 이러면 당연히 서버는 다운된다. 초보 인터넷 줍줍러는 서버가 다운되면 응당 추가적인 시간을 주겠지 생각하겠지만, 이건 줍줍이다. 시행사 맘대로 '공개'라는 조건만 맞추면 되는 무규칙 경기란 말이다. 결국 서버가 다운되더라도 제한시간에 마감을 해 버린다. 발 빠르게 청약한 사람들에게는 엄청나게 유리한 기회가 되는 것이다. 그래서 인터넷 청약은 시작하자마자 바로 해야 한다. 점심때쯤 하자는 생각으로 기다리다간, 끝날 때까지 접속을 못 할 수도 있다.

둘째, 되도록 몰리지 않는 타입에 청약하는 게 좋다.

인터넷을 통한 손쉬운 청약방식이라 경쟁률이 상상을 초월하기 때문이다. 인기 있는 타입은 나라를 구하고 조상님들께 덕을 받지 않는 한 당첨이 거의 불가능하다. 따라서 인기 없는 타입, 잘 몰리지 않는 타입 중 어느 정도 용인 가능한 물량이 있다면 거기에 지원해야 한다. 그게 당첨확률을 수십, 수백 배 이상 높여주기 때문이다.

셋째, 당첨일에 당첨자 확인을 해 보아라.

그렇게 열심히 인터넷 청약을 하고 정작 당첨일은 언젠지도 모르는 사람이 많다. 온라인 청약은 당첨일이 1~3일 뒤인 경우가 많다. 오프라인처럼 즉시 발표하지 않는데, 가끔 당첨문자가 광고 스팸으로 등록되면서 오지 않는 경우가 있다. 나중에서야 본인이 당첨자였다는 사실을 알면 당첨 안 되느니만 못하다. 충격이 굉장히 크기 때문이다. 따라서 당첨일에 당첨자 확인을 반드시 해서 가부를 정확히 확인하도록 하라.

8단계
예비당첨의 마법을 잊지 말자

이번 장은 예비당첨이다. 사실 이 내용을 앞장에 포함해서 설명할까 하다가 워낙 중요한 부분이어서 1개 장을 할애했다. 많은 사람들이 가점제나 추첨제, 무순위청약에 대해서는 잘 알지만 예비당첨은 잘 알지 못한다. 그러다 보니 이의 활용방법도 모르는 경우가 많다.

예비당첨을 이해하기 위해서는 이 시스템의 역사를 잠깐 살펴볼 필요가 있다. 그래야 왜 지금의 방식이 되었고 앞으로 어떻게 해야 하는지를 판단할 수 있기 때문이다.

예전에는 투기과열지구의 경우 예비당첨자는 당첨자의 5배수로 선정하여 청약가점이 높은 사람이 낮은 사람보다 후순위의 예비당첨자 번호를 배정을 받는 '청약 복불복' 사례가 빈번했었다. 그러다가 2019년 12월 6일부터 예비당첨도 100% 가점제로 변화하게 되었다. 즉 예비당첨자 산정방식이 추첨방식이 아니라 청약신청수 미달 여부와 관계없이, 가점이 높은 순으로 순번 배정이 이뤄지게 된 것이다.

이렇게 달라진 방식에서는 어떤 점을 활용할 수 있을까? 예비당첨으로 나오는 매물은 두 가지 케이스로 나뉜다. 하나는 일반 당첨자 중에 부적격, 그러니까 가점을 잘못 계산했다거나 거주지 요건이나 기타 여러 가지 이유로 당첨이 취소된 물량이고, 다른 하나는 일반 당첨자 중에 동·호수가 맘에 들지 않아서 포기한 물량이다. 비율로 따져보면 예비당첨으로 넘어오는 물량은 부적격 60%이고 동·호수 불만족이 40% 정도를 차지한다.

따라서 예비당첨으로 넘어오는 물량 대부분은 저층이거나 뷰가 좋지 않은 등의 선호도가 떨어지는 것이 많다. 게다가 예비당첨은 일단 참여해서 뽑는 순간 그게 저층이든 하자물건이든 상관없이 청약통장을 날려버리기 때문에 일반분양보다 선호도가 낮은 동이나 층을 선택할 가능성이 큰 게 사실이다. 그래서 예비당첨에 참여한다면 남보다 안 좋은 것을 뽑을 확률이 높은 만큼 예비당첨 기회를 사용할지 말지 상당한 고민이 뒤따를 수밖에 없다.

이러한 배경지식을 갖춘 상태에서 살펴보자.

실제 예비당첨 현장에 가면 어떤 상황이 벌어질까? 우선, 생각보다 상당히 적은 수의 예비당첨자가 참석한다는 사실을 경험할 수 있을 것이다. 하지만 무조건 그러한 패턴을 보이는 것이 아니고, 해당 분양현장이 얼마나 인기가 있는 곳인가에 따라 다른 패턴을 보이기도 한다. 가점제로 순번이 매겨지기 때문에 예비순위가 높은 사람은 다음 현장에도 우선권을 가질 수 있는 확률이 높다. 그래서 예비 1~30번째 순위에 있는 사람은 굉장히 좋은 현장이 아니고서는 참석지 않는다. 예비당첨 현장에 참석해서 저층 등 불리한 곳을 분양받느니 차라리 다음번 분양현장을 노리는 게 현명하다고 판단하는 것이다. 상황이 이렇다 보니 저층이라도 상관없는 예비순번이 중하위권인 사람들이 예비당첨의 혜택을 볼 수 있다.

　결국 예비당첨은 가점이 부족하여 예비순위가 뒤쪽에 위치한 사람들이 적극적으로 참여해야 한다. 청약자는 자신이 청약 가능한 수준보다 늘 높은 곳에 청약하는 경향이 있고, 예비순번이 뒤쪽인 사람들은 청약가점이 부족하거나 이미 1주택 이상을 소유하고 있는 경우이므로, 이런 사람들은 예비당첨의 마법을 사용해서 당첨 기회를 얻는 것이 가장 현명하다는 점을 기억하라!

9단계

어디에 청약해야 할까?

청약투자는 어디에 어떻게 해야 할까? 이 질문에 대한 답은 아마 바둑의 수만큼 많다. 왜냐면 각각의 개인 성향, 라이프스타일, 자금 정도, 현재 상황, 직장, 자녀, 배우자 등등의 변수에 따라 바뀌기 때문이다. 하지만 대부분 투자자가 공통으로 하는 말이 딱 하나 있다.

"시세차액이 큰 곳에 청약하고 싶어요."

모두가 분양투자로 높은 수익을 얻고 싶어 한다. 당연한 일이다. 하지만 본인의 처한 상황에 따라 어떤 사람은 수억원의 수익을 얻는 곳에 도전할 수 있고, 어떤 사람은 수천만원의 수익을 목표로 하는 곳에도 상당한 리스크를 갖고 도전해야 한다. 부동산 분양투자의 초보가 저지르는 투자손실이나 실수를 제외하고라도 말이다.

나는 누구나 다 아는 '유망주' 분양단지를 거의 다루지 않는다. 다른 책들처럼 유망 분양단지 이야기를 이 책에서 안 하는 이유는, 그렇게 유망한 단지는 이미 가점이 아주 높은 소수가 가져갈 것이고, 이 책을 읽는 이들이 당첨될 확률은 극히 적기 때문이다. 모두가 노리는, 누구나 아는, 그래서 경쟁률이 하늘을 뚫는 단지들을 설명하는 것은 분양투자를 하려는 사람에게는 의미가 없다.

그렇기에 이번 장에서 말하려는 정보들은 각자의 상황에 따라 굉장히 실용적인 개인별 전략을 수립하는 데 큰 도움이 될 것이다. 다양한 컨설팅을 진행하면서 실증적으로 잡아낸 전략이므로 정확히 이해하여 본인의 상황에 맞게 활용하기 바란다.

당신이 청약투자를 하려 한다면 여러 변수가 있지만, 투자수익의 관점에서만 본다면 아래 3가지 케이스를 기준으로 고민해 보자. 반드시 최대의 수익을 얻을 수 있을 것이다.

1. 무주택자

당신이 분양권투자를 목표로 한 무주택자라면, 큰 한 방을 노리는 것이 좋다. 그러므로 우선하여 투기과열지구나 조정지역을 목표로 하기 바란다. 무주택자는 정책적 규제에서 크게 걸리는 것이 없다. 따라서 청약규제/대출규제/세금규제 등의 요건에서 상대적으로 자유로울 수 있고 미래에 있을 여러 규제에서도 기본적으로는 자유로울 가능성이 크다.

여기서 또 두 가지 경우로 나뉘게 되는데, 청약가점이 높은 경우와 청약가점이 높지 않은 경우로 구분해서 생각해야 한다.

청약가점이 높은 경우라면 좋은 입지에 분양하는 단지 청약을 적극적으로 공략해야 한다. 무주택에 청약가점까지 높은 사람이라면 지금의 시기는 분양권투자를 하기 가장 좋은 상황이다. 다만 주의해야 할 것은 가용자금의 점검이다. 투기과열지구에서 무주택자라 하더라도 철저하게 검증하는 것이 바로 자금소명이다. 사회생활을 갓 시작한 너무 젊은 나이에 부모 도움을 받아 분양권투자를 하게 되면 본인뿐 아니라 부모까지 세무조사 대상이 될 수 있다. 몇 년 사이 부동산 투기를 잡으려는 정부의 정책 탓에 자금소명이 되지 않는 경우 세무조사까지 동원하기 때문이다. 그런 만큼 투기과열지구에서 분양권투자를 하려면 가장 먼저 소명 가능한 가용자금이 얼마인지 판단하고, 여기에 본인에게 가용한 대출이 얼마까지인지를 감안한 매물을 투자대상으로 해야 한다.

무주택에 청약가점이 낮다면, 모두가 노리는 인기 있는 지역은 현실적으로 가능성이 크지 않다. 물론 인기지역에 지속적으로 청약을 해야겠지만 그것만 믿기에는 낮은 가점 때문에 당첨될 확률이 매우 낮다. 그래서 이런 경우는 좀 더 다양한 방법으로 생각해야 한다. 우선 청약 지원범위를 넓혀야 한다. 수도권의 택지지구까지도 범위를 넓히고 청약 정보를 수집하는 것이 중요하다. 이와 별도로 성장 가능성 높은 곳의 분양권을 매입하는 방법이 있다. 분양권을 보유하고 있는 사람 중에는 대출이나 세금규제로 매도해야 하는 상황에 놓인 경우가 많다. 이러한 매물을 매수하기 가장 적합한 사람이 모든 규제에서 자유로운 무주택자이다. 다만 9억 이하를 처음 분양받는다면 계약금 10~20%만 있으면 중도금 대출을 실행하여 추가적인 자금이 들지 않지만, 기존 분양권을 매수하기 위해서는 계약금 외에 추가 프리미엄이라는 비용을 지불해야 하므로 상당히 큰 자금지출이 발생하게 된다.

2. 1주택자

1주택자라면 고민이 깊어진다. 유주택 상태라 청약에서는 무주택자에 무조건 밀리는 상황이고, 기존주택을 매수하자니 지금의 집을 팔고도 큰돈을 보태야 한다. 대부분 1주택자는 더 높은 수준으로 갈아타려는 경우이다. 그러므로 1주택자는 본인의 집을 팔고 분양권투자를 할지, 본인의 집을 가진 상태에서 다주택 전략으로 갈지 결정해야 한다.

이 두 가지 경우에 대한 판단 기준은 현재 가지고 있는 집이 미래가치가 있느냐는 점이다. 만약 현재 보유한 집이 10년 이상 되었고, 주변에 교통망 발전계획에 포함되어 있지 않다면 즉시 팔아버리고 무주택상태에서 분양권투자에 나서는 것이 좋다. 앞으로 구축 아파트와 신축 아파트들의 가치는 완전히 다른 레벨로 발전하게 될 것이다. 생활편의시설을 갖춘 신축 아파트는 십수 년 전에 지어진 구축 아파트와 비교가 불가능할 정도로 거주하기 좋다. 수요자 입장에서도 오래된 구축 아파트는 전세를 살면서 잠시 거쳐 가길 원하지만 신축 아파트는 매입수요가 많다. 특히 현재의 삶의 질에 가치를 두는 젊은 층에서 이러한 현상은 더욱 뚜렷이 나타나며, 이러한 추세로 시간이 지나면 신축 아파트는 구축 아파트와 완전히 다른 상품이 될 것이라는 게 내 생각이다. 따라서 가치가 낮은 1주택을 보유한 사람이라면 매도를 먼저 하고 무주택을 만든 상태에서 분양권투자에 나서는 것이 좋다. 왜냐면 1주택을 보유한 유주택 상태로는 청약을 통한 기회를 얻기가 매우 어렵기 때문이다. 다만 분양권을 매수하고자 하는 경우라면 지금의 1주택을 남겨 둔 상태에서 일시적 1가구 1주택 제도를 활용해 매도 시점을 미룰 수 있다. 하지만 이마저도 조정지역과 택지지구에서는 분양권 전매가 금지되었기 때문에 매수 가능한 분양권은 점점 더 줄어들 것이다. 그러므로 조금 긴 호흡으로 현재의 1주택을 매도한 상태에서 분양권투자에 나서는 것을 추천한다.

그런데도 청약에 나서려는 이들을 위해 짧게 현황을 정리하겠다. 1주택자는 투기과열지역과 청약과열지역일 경우 가점제 지원이 아예 불가능해 85㎡ 이상 추첨제만 노려야 한다. 비조정지역 중 광역시일 경우, 기존주택 처분각서를 쓴 경우에 한해서 85㎡ 이상 추첨제 물량 중 무주택자를 위한 75%를 제외한 나머지 25% 추첨에 포함될 수는 있다. 모 아니면 도지만, 처분각서를 쓰지 않을 경우엔 무주택자와 처분각서를 쓴 1주택자 추첨이 끝나고 잔여세대의 추첨에 포함되므로 당첨 가능성은 사실상 희박해진다. 비조정지역 중 광역시가 아닌 경우엔 기존주택 처분각서를 쓰지 않고도 가점제와 추첨제 모두 지원이 가능하나, 분양권투자에 나서기에는 지역적 어려움이 많으므로 좋은 선택은 아니다.

3. 2주택 이상자

내가 만나본 2주택자 이상의 고객들은 대부분 하나에만 초점을 맞추고 있었다. 바로 세금이다. 다주택자는 세금 때문에 매도를 못 하는 경우가 많다. 그리하여 어쩔 수 없이 선택하는 것이 증여인데, 이는 세무조사 대상이 되기에 딱이기 때문에 어설프게 증여했다가는 결국 양도세에 준하는 세금을 내는 결과가 나오게 된다. 특히 조정지역 내의 2주택 이상은 이제 큰 리스크를 감안해야 한다. 보유세는 가파르게 올라가고 양도세는 무조건 중과되며, 장기보유특별공제배제 등의 규제를 모두 감내해야 한다. 특히 보유세의 증가속도에 주목해야 하는데, 조정지역 내에 2주택 이상 투자자는 어지간한 월 현금흐름을 만들지 못한다면 매년 지불해야 하는 보유세 인상분을 감내하기 굉장히 어려울 것이다. 이로 인해 삶의 질은 떨어지는데 팔 수도 없는 상황으로 치닫게 될 가능성이 크다. 그러므로 가급적 조정지역 내에서는 가장 높은 수준으로 1주택을 유지하되, 비조정지역을 대상으로 분양권투자를 물색해 보는 것이 중요하다. 그래야만 세금규제를 가장 적게 받으면서 투자수익을 유지할 수 있다.

2주택 이상자라면 현재의 주택이 어디에 있는지가 중요하다. 조정지역 내에 있는 주택의 수와 비조정지역 내에 있는 주택의 수를 확인하고, 우선은 가치가 낮은 비조정지역 주택 매도를 결정해야 한다. 그다음으로 투자대상은 단연코 비조정지역만이 되어야 한다.

다주택자 중에 현재의 투자 포트폴리오를 유지하면서 추가적인 분양권투자를 원하는 경우가 있는데, 이럴 때도 역시 비조정지역을 목표로 해야 한다. 다만 계속되는 정부의 규제로 인해 다주택에 대한 규제가 더욱 심해질 것을 감안하여, 장기적으로는 조정지역 내에서는 1주택을 유지하고 나머지는 비조정지역 주택으로 투자하는 방식을 추천한다. 조정지역 내 2주택 이상은 시세차액이 많이 나와도 양도소득세 중과 문제로 인해 수익이 거의 남지 않기 때문이다.

잠깐! 핵심노트

아파트 분양 초보가 주로 청약해야 하는 만능 해법

바쁜 일상업무가 많은 사람이 하루 종일 분양현장을 분석하고 정보를 수집하긴 어려울 것이다. 그렇다면 수많은 청약 아파트 중에서 어디를 노려야 할까?

초보자의 경우는 처음 분양이 중요하다. 여기서 절대 실패하지 않고 기반을 잡아야만 그다음 단계에서 아파트 매입 등을 통한 갈아타기가 가능하기 때문이다. 분양에는 다양한 변수가 존재한다. 가장 좋은 방법은 A급 입지, 다시 말해 교통 좋고 교육 좋고 환경 좋고, 분양가는 아주 싼 그런 곳에 청약하는 것이다. 하지만 당신이 찾아낸 A급 입지의 분양매물이라면 아마 경쟁률이 수십~수백 대 일을 넘을 것이요, 청약가점도 64점을 훌쩍 넘기는 그런 곳일 것이다. 64점은 3인 가족이 받을 수 있는 최고 점수이다.

모두가 알고 있는 A급 입지는 사실 분양을 받고 싶어도 받을 수 없다. 경쟁이 치열하기 때문이다. 그래서 청약점수가 부족한 사람은 청약 지원범위를 좀 더 넓히는 전략을 세워야 한다. 하지만 그렇다고 분양되는 모든 아파트를 다 확인하기는 현실적으로 불가능하다. 그럼 이제 이 방법만 따르고 실행하라!

잘 모르는 초보자라면, '수도권 택지지구와 신도시 분양'만 노려라.

기본적으로 수도권 택지지구와 신도시는 분양가 상한제로 인해 분양가격이 저렴하다. 이미 출발에서 분양가상한제를 적용받고 들어가기 때문에 가격이 시세보다 저렴하고 모든 도로와 생활편의시설 등이 계획에 따라 만들어지기 때문에 살기에 좋다. 게다가 수도권 지역별로 1순위 물량이 배정되어 있기 때문에 누구나 당첨 기회를 가질 수 있다.

이러한 장점에도 불구하고, 아직 교통망이 제대로 연결되고 발전되지 않았기 때문에 불편한 것이 사실이다. 그렇기에 경쟁 역시 그리 치열하지 않다. 하지만 택지지구 부동산 투자는 원래 공사현장일 때 먼지 바람을 맞으며 들어갔다가, 모든 인프라가 갖춰졌을 때 매각하고 빠져나오는 것이 정석이다. 그 어떤 부동산 투자수익률보다 좋은 수익률을 올릴 수 있기 때문이다.

아파트 가치를 결정하는 프리미엄 6요소

1. 역세권 – 역과 가깝다면 실패란 없다

청약에 들려고 할 때, 과연 어떤 변수가 가장 중요할까? 역세권, 교육환경, 교통노선 등등 많은 조건별 호재들이 있겠지만 그중에서도 '역'과 가까운 곳은 실패하지 않는다. 더블 역세권, 트리플 역세권 등이라면 더할 나위가 없다.

일반적으로, 역세권이란 전철역에서 5분 내지 10분 거리에 있는 지역을 일컫는다. 여기서 말하는 거리는 반경이 아니라 실제 걷는 거리로 10분 이내여야 한다. 보통 철도(지하철)를 중심으로 500미터 반경 내외의 지역을 말하며, 역세권의 결정요인은 거리, 지형과 같은 자연적 조건, 접근성, 이용의 편리성, 역 주변 상권의 성숙도 등이지만 가장 중요한 요소는 역으로부터의 거리다.

이 거리가 어째서 중요할까. 아침에 일어나 일을 하고 집으로 들어오는 24시간이 누구나 같다면, 그중 역으로 갈 때까지의 시간, 역에서 집으로 돌아오기까지의 시간에서 개인의 여가 시간 유무가 갈리기 때문이다. 편하고 가까운 교통편이면 늦게 일어나서 빨리 올 수 있지만 반대라고 생각해 보자. 역까지 가는 데 20분, 또 출퇴근 시 도로에서 막히면 30분, 거기서부터 회사까지 50분, 대충 계산해도 비역세권의 출퇴근자는 편도로만 두 시간을 잡아먹을 수도 있다.

현대에 들어, 지하철은 가장 많은 시민들이 이용하는 교통수단이다. 그렇기에 출퇴근을 제하고도 전철역과 주거지가 가깝다는 것은 엄청난 장점이다. 먼 곳을 갈 때, 지하철 연장 노선과 서울−수도권을 잇는 신규 노선들, GTX(수도권 고속 전철) 등의 교통 호재들이 부동산 가격을 들었다 났다 한 이유는 그러한 배경에서였다. 역 가까이 있기만 하면 '적어도 값이 내려가지는 않는' 주거지가 되는 것이다.

이뿐만이 아니다. 역 가까운 곳에는 필연적으로 상권이 들어선다. 상권이 확장되면 사람들이 더 많이 모이고, '유령 아파트촌'으로 집값이 떨어지기는커녕 점점 승승장구를 거듭하는 효과를 불러온다. 이는 근처에 초, 중, 고교가 설립되는 데도 어느 정도 영향을 미친다. 단점이라면 역시나 가격. 자신들이 사는 곳을 역세권으로 만들어 가격을 올리려던 '강남 3역 사건'에서 볼 수 있듯이, 주변에 역이 많으면 많을수록 가격은 천정부지로 뛴다. 역세권 아닌 매물은 몇 년이 지나도 팔리지 않지만 역세권 매물은 길어야 한두 달이면 모두 나가는, 편중된 환금성도 역세권의 양날의 검이다. 그렇기에 더블 역세권이나 트리플 역세권 등의 거주지는 가격과 환금성, 실제 본인의 거주 가치까지 꼼꼼하게 따져 판단해야 한다.

2. 숲세권 - 한국인은 이제 그린벨트를 찾는다

숲세권이라는 말은 오래전부터 유행으로 자리매김한 단어다. 역세권이 역에서 가까운 곳에 위치한 권역이라면, 숲세권은 숲과 가까이 있는 주거지를 말한다. 아파트 근처에 공원이나 녹지 등이 조성되어있는 곳, 혹은 머지않아 조성될 곳을 통틀어 숲세권이라고 칭한다.

숲세권의 절대적인 장점은 갈수록 심해지는 '미세먼지'에 있다. 왜 미세먼지가 심해지는 게 장점이냐고 물을 수 있지만, 앞의 역세권을 생각해보면 해답이 나온다. 모든 지역은 지역의 특성에 따라 영향을 받는다. 미세먼지 탓에 전국적으로 공기와 건강, 마스크 등이 관심사로 부상한 지금, 보다 맑은 공기를 마시며 쾌적한 환경에서 지낼 수 있는 숲세권의 가치도 함께 뛰는 것은 당연한 일이다. 아이가 있고 출퇴근 시간에 큰 영향을 받지 않는 젊은 부모들, 은퇴 후 조망 좋은 곳에서 친환경적인 노후를 보내고픈 장, 노년층들에게 숲세권은 전폭적인 지지를 받고 있다.

두 번째로는 자연친화적 여가생활을 즐길 수 있다는 점이다. 보통 도심에 거주하는 현대인들이 자연을 느끼기 위해서는 마음을 먹고 나가야 한다. 산에 가거나 아예 도심 외곽으로 빠져야 한다. 그런데 집 앞에 잘 조성된 녹지가 있다면? 매연과 스트레스에 찌든 몸과 마음을 바로 집 앞에서 '힐링'시킬 수 있다.

반면 단점은 역시나 교통망이다. 서울 내에서나 수도권 중 전철역과 가까운 곳에 녹지가 조성되어 있기는 어렵고, 자연히 대중교통을 이용하는 데 있어 불편을 겪을 수밖에 없다. 물론 숲세권 지역이라고 꼭 역과 동떨어진 것도, 역에서부터 30분~1시간 이상씩 소요되는 것도 아니다. 다만 숲세권×역세권, 역세권×숲세권 등 흔히 없는 매물은 그만큼의 프리미엄이 붙으니 선택에 유의하도록 하자.

3. 학세권 - 강남 8군의 불패신화는 식지 않았다

사람마다 중요시하는 환경은 다르다. 직장인이라면 역세권을, 자연을 좋아하는 사람이라면 숲세권을 선호하겠지만, 초등학교나 중학교, 고교 입학을 앞둔 자녀를 두었다면 학세권으로 눈길이 가는 것도 당연하다.

소위 강남 8학군이라는 말이 있었다. 강남구와 서초구 지역의 모든 학교를 칭하는 말로, 강남교육청 관할 지역을 일컫는 단어였다. 실제 이 8학군에 해당하는 학부모의 교육열은 뜨거웠고 '강남불패', '실패하지 않는 8학군' 등등 수많은 입시 신화를 써내려가기도 했다. 요즘은 한풀 꺾였다지만 그래도 주거지와 학세권의 관계는 밀접하고 긴요하다. 같은 동네라도 학교와 인접한 정도에 따라 집값이 수천만원, 많게는 억 단위까지도 차이가 나는 것이 현실이다.

학세권 아파트단지의 가장 큰 장점은 법적으로 유해시설이 들어설 수 없다는 것이다. 자연스럽게 아이들뿐 아니라 어른들에게도 쾌적한 주변환경이 보장되며, 안전한 통학과 더불어 학습 분위기도 안정적으로 조성된다. 단점이라면 오로지 자녀들의 학업 하나만으로 다른 이점을 포기해야 하는 경우가 있고, 실생활의 편리함에 비해 지나치게 가격이 비싸다는 것을 들 수 있겠다. 그러나 투자의 목적이든 실거주의 목적이든 학세권 근처에는 필연적으로 편의시설, 쾌적한 환경, 나름의 규모를 갖춘 상권이 붙는다. 같은 학세권이라도 그러한 세부사항의 규모에 따라 가격과 추후 가치의 변동성이 크니, '학교 권역 이외의 장점'들에 초점을 맞춰 매물을 고르는 눈이 필요하다.

4. 직세권 – 출근러는 '아침잠'이 필요하다

직세권은 역세권과 또 다르다. 역세권은 말 그대로 '직장에 가기 위해

역이 가까워야 하는' 이들이 많이 찾지만, 직세권은 '일어나서 바로 직장에 도착할 수 있는' 이들이 찾는다. 판교의 집값이 엄청나게 뛴 것도 한국판 실리콘밸리가 판교에 설립되어서다. 분당선 호재나 분당 자체의 지역 프리미엄도 있지만 회사들이 모이고, 상권이 생겨나고, 수많은 IT 인재들이 판교로 모여들다 보니 자연히 주거지의 니즈도 강해지게 된 것이다.

실제로, 판교가 아니더라도 우리 주변에는 직장과 가까운 곳을 원하는 이들이 많다. 워라밸(work-life balance: 워크라이프 밸런스)을 지키려면 근무 시간도 시간이지만 직장까지 얼마나 걸리는지, 그래서 몇 시에 일어나야 하는지, 퇴근 시간은 언제며 실제 집에 도착하면 몇 시인지도 매우 중요한 요소다. 그렇기에 다른 부분들은 좀 희생해도 직장이랑만 가깝다면 좋다는 사람들도 생겨났다. 회사들이 밀집된 '직세권' 도심의 집값이 웬만해선 떨어지지 않는다는 것도 유의하며 볼 요소다.

5. 슬세권 – 슬리퍼만 신고 집 앞에 나갈 수 있다면?

요즘은 이른바 '슬세권'이 인기다. 주상복합으로, 말 그대로 슬리퍼만 신고 모든 집 근처 편의시설을 다닐 수 있다는 뜻이다. 이동이 편한 역세권이나 학군이 좋은 학세권, 직장 코앞에 주거지가 있는 직세권 등과는 기본적으로 니즈의 방향 차이가 약간 있는 권역이다.

슬세권은 기본적으로 멀리 나가지 않고, 집 앞에서 모든 것을 해결하고 경험하려는 심리가 반영된 영역이라고 볼 수 있다. 최소한의 이동으로 자신의 발길이 닿는 가장 가까운 곳, 지금 당장, 바로 여기에서 문화와 여가생활을 즐기는 것이다. 걸어서 10분 내의 거리에서 쇼핑과 여가, 문화활동 등 일상의 필수적 인프라가 갖춰진 마을을 올인빌(all-in-village)이라고 하는데, 바로 이 슬세권이 현대인들의 새로운 주거 트렌드로 부상하는 중이다. 슬세권의 핵심은 근거리에 콘텐츠가 얼마나 밀집되어 있느냐다. 만약 이 핵심 콘텐츠가 충분히 구성되어 있다면, 이동에 들어가는 노력, 시간, 경비를 최소화하여 근거리 경제활동으로 만족감을 느끼는 것이 가능해진다. 시간을 아끼고 여유를 얻고자 하는 점은 직세권이나 역세권과도 닮아있으나, 슬세권의 경우에는 여가/소비 트렌드에 맞춰진 권역이라고 볼 수 있겠다.

정리하자면, 슬세권이란 다른 말로 '리테일 접근성'이라고도 표현할 수 있다. 여기에는 백화점과 할인점 등 대형 쇼핑몰도 포함되지만 보통은 근린생활시설로 설명한다. 현 건축법 시행령에 따라 근린생활시설이란 편의점, 슈퍼마켓, 식당, 카페, 병원, 서점, 극장, 헬스클럽, 도서관 등의 생활편의시설을 의미하며, 슬세권은 '슬리퍼를 신고 편하게 다닐 수 있는 반경 안에' 이 시설들이 갖춰진 곳을 뜻하는 것이다. 전통의 역세권이 가지는 영향력보다야 뒷심이 떨어지는 것도 사실이나 '공급자' 중심이 아닌 '소비자' 중심 권역이 유행을 타며, 편의 인프라가 갖춰진 슬세권 역시 매력적인 거주권역으로 거듭나고 있다.

6. 로열층 + 로열동

같은 시, 같은 구, 심지어 같은 동의 같은 단지라도 부동산 가격은 미묘하게 다르다. 어느 때는 미묘함을 벗어나서 눈에 띌 만큼 차이가 나기도 한다. 이는 타입, 조망, 층수, 단지 내 인접성 등 다양한 요소에서 값이 가려지기 때문이다. 타입과 조망을 설명하기 전에, 같은 지역의 아파트단지에서 어떤 순으로 입주민 선호도/측정 가격/환금성을 우수하게 매기는지 알아보겠다.

예시는 '높은 층', '남향', '4베이 타입', '뷰가 좋은 동', '입구 근처의 동' 등 여섯 가지다.
이 중에서 가장 우선순위를 뽑자면,
1) 높은 층
2) 남향
3) 4베이 타입
4) 뷰가 좋은 동
5) 입구 근처의 동

6) 지하철역과 가장 가까운 동

이 순서로 매길 수 있다.

현재 부동산의 매매가치는 이 순서와 같다. 우선 높은 층은 묻지도 따지지도 않고 가장 강세다. 입구 근처에 있는 것보다는 뷰를 중요하게 생각하는 것이 전통적으로 부동산이 가치를 매기는 방법인 데다, 뷰가 좋기 위해서는 필연적으로 높은 층수가 뒷받침되어야 하기 때문이다.

다음은 남향이다. 통풍, 통기, 기타 차이가 나는 자질구레한 요소들보다도 집이 남향이라는 장점은 중요하다. 계절에 따른 고도 차이로 여름에는 햇볕이 적어 덜 덥고, 겨울에는 해가 깊게 들어와 더 따뜻하기 때문에 냉/난방비 부담을 덜 수 있다. 아침에 해가 깊고 오후에는 햇살이 적은 동향, 오후에 햇살이 많이 들어와 여름에 매우 더운 서향, 햇볕이 잘 들어오지 않아 선호도가 낮은 북향에 비하면 남향은 확고한 가격방어가 가능하다.

셋째로는 4베이 타입이다. 행여 2베이나 3베이 등 베이 타입의 용어가 익숙하지 않은 이들을 위해 짧게 설명을 덧붙이겠다. 베이(bay)란 건물 기둥과 기둥 사이 볕이 들어오는 공간을 뜻한다. 발코니를 기준으로 삼았을 때 거실을 포함해서 해가 들어오는 공간이 몇 개인지에 따라 나뉘며, 집의 조망과 일조량의 양을 결정짓는 부분이기에 정확히 따져 보아야 한다. 해가 잘 들고 바람이 잘 통하는 집은 보통 4베이의 구조를 지닌다. 2베이는 거실 옆에 방이 하나만 붙어 있는 구조에, 나머지 방들엔 빛이 통하지 않아 어둡기에 선호도가 낮다. 3베이는 현관이 방 하나에 가려지는 구조라 입구가 어두울 수 있고, 집이 전체적으로 협소해 보이는 단점이 있다. 반면 4베이는 어느 방에서든 같은 조망과 밝은 빛이 들어오며, 빛이 잘 들어오는 만큼 난방비 절감 효과도 있다. 통기가 상대적으로 원활하지 못하고 가격도 높게 책정되지만 애당초 큰 평수에서 많이 사용되는 타입인 만큼, 3번째 우선순위로 들어가게 된다.

네 번째로는 뷰가 좋은 동이다. 다만 뷰가 좋으려면 어쩔 수 없이 층이 높아야 한다. 그러므로 뷰가 좋은 동이란, 같은 층수에서 방향에 따라 조금씩 바뀌는 동을 의미한다고 보면 된다. 코앞에 대교가 있거나 특별한 랜드마크가 있거나 하는 경우라면 층수뿐 아니라 방향, 호실에 따라 프리미엄이 붙는 이유도 바로 이 때문이다.

다섯째로는 입구 근처의 동이다. 길게 말할 것 없이, 아무리 같은 아파트단지라고 해도 입구 끝과 맨 가장자리(안쪽)의 아파트에는 이동 거리가 생길 수밖에 없다. 그러므로 오래 걷기 싫어하는 입주민들의 니즈를 채우는 조건이라 할 수 있겠다. 다만 위의 네 조건들보다는 상대적으로 중요치 않은 탓에 맨 마지막, 다섯 번째 우선순위를 차지한다.

여섯 번째로는 지하철역과 가장 가까운 동이다. 단지가 크면 클수록, 면적이 넓을수록 동에서 동까지의 이동 거리가 생긴다는 건 앞에서 언급했다. 입구가 하나뿐인 동이라면 지하철역과의 거리가 가장 가까운 동 = 입구가 가까운 동이 되겠지만, 그게 아니라면 단지의 주거 형태에 따라 지하철역과 가까운 동이 생겨날 수도 있다. 기껏해야 5분~10분 차이인데 무슨 상관이냐고 할 수도 있겠지만 자잘한 옵션 여부는 부동산 가격에서 생각보다 큰 비중을 차지한다. 애매한 거리보다는 지하철역과 단지가 확 가깝거나 확 멀 때 더 가격 차이가 벌어지는 경향이 있다.

그렇다면 이런 옵션들이 겹칠 때, 어떤 매물을 선택해야 할까. 얼핏 보기에는 이미 순위가 정해졌으므로 저 정보를 토대로 고르면 될 것 같다. 그러나 실상은 그렇게 녹록하지 않다. 어떤 동은 남향, 4베이, 높은 층수, 좋은 뷰를 다 주고, 또 어떤 동에는 북향에 3베이, 누가 봐도 나쁜 뷰를 주면 미분양 폭탄이 떨어지고 건설사들은 막대한 손해를 보게 된다. 그렇기에 건설사들은 이런 옵션들을 적절히 '조합'한다. 예를 들면 남향에 4베이를 넣지 않고, 남동향에 4베이를 넣거나 북향에 4베이, 좋은 뷰를 끼워 맞춘다거나 하는 식이다. 층수도 낮고 뷰도 안 좋은데 남향이 아닌 매물에는 적절한 가격 인하도 들어간다. 모든 옵션을 좋게 배치한 프리미엄 대형 평형대와는 반대의 경우라고 할 만하겠다.

그러므로 가격이 비슷할 때는 우선해서 높은 층, 그리고 남향, 다음으로는 4베이 정도까지 염두에 두고 매물을 고르는 것이 좋다. 같은 가격에 높은 층+남향+3베이 조합과 낮은 층+북향+4베이 조합이 있다면 당연히 전자를 선택해야 한다. 들어가는 목적이 실거주인지, 투자인지도 중요한데, 오래 거주할 목적이라면 환금성이 조금 떨어져도 가격이 낮고 거주에 문제없는 동도 좋기 때문이다. 반면 투자라면 위에서 말한 역세권과 직세권, 학세권을 포함해, 분양가와 타입, 조망까지 세밀하게 계산해서 의사결정을 해야 한다.

기억하라! 1등만이 능사는 아니다!

부동산 투자 수익이 높길 원하는가? 그렇다면 1등만이 능사는 아니라는 점에 주목하기 바란다.

많은 사람들이 강남의 아파트에 집중하고 있다. 부동산 투자에서 기억해야 할 것은 '모두가 아는 정보'는 더 이상 수익을 얻기 어렵고, '모두가 뛰어드는 곳'은 정부의 규제 칼날에 맞을 가능성이 크다는 점이다. 이런 관점에서 볼 때 강남은 누구나 좋은 부동산 투자처라고 인정하는 곳이다. 그 덕에 정말 모두가 뛰어들어, 이제는 엄청난 규제에 묶인 지역이 되었다.

지금 강남의 아파트에 투자하는 데 필요한 조건을 알아보자. 우선 어지간한 아파트는 15억이 넘기 때문에 대출이 나오지 않는다. 그래서 전액 현금으로 조달해야 한다. 하지만 현금조달이 되었다 하더라도 끝이 아니다. 그 현금이 어떻게 나온 것인지, 정당하게 낼 세금을 모두 내고 나온 수익인지 검증받아야 한다. 이 과정에서 제대로 소명이 안 되면 예외 없이 세무조사를 받게 된다(본인뿐 아니라 부모님, 가족까지 세무조사가 들어갈 수도 있다). 그렇게 우여곡절 끝에 매입했다 한들 끝이 아니다. 해당 아파트를 보유하는 것만으로도 당신의 모든 담보대출이 금지되고, 추가적인 전세대출도 규제를 받게 되며, 지속적으로 상승하는 막강한 보유세도 감당해야 한다.

그럼 강남 아파트 투자와 비교해 다른 사례를 이야기해 보겠다.

이 투자자는 강남 쪽의 아파트는 아예 관심이 없다. 투기과열지구에도 흥미가 없다. 오직 비조정지역에만 투자를 한다. 투자지가 비조정지역이기 때문에 몇 개의 집을 보유하더라도 대출규제 등의 문제가 없다. 2년간 보유할 시 일반과세가 되는 장점도 있다. 다만 비조정지역이기 때문에 다소 높은 리스크를 가지고 투자를 해야 한다.

두 가지 사례를 비교해 보자.

1) 투기과열지역 1주택 – 역삼 센트럴 아이파크

이 고객은 개인적인 이유로 강남 아파트를 분양받도록 했다. 분양가는 약 16억인데 주변 시세는 약 24억으로, 언뜻 보기엔 8억 정도 시세차액을 예상할 수 있었다. 또한 인근의 현대차 GBC와 삼성역 복합환승센터까지 완료되면 그 가치는 더욱 올라갈 것이기 때문에 입주 후 2년 후에는 약 10억의 시세차익까지 예상할 수 있어서 아주 좋아 보인다.

여기까지만 들어보면 모두 좋다고 할 것이다. 하지만 꼭 그런 것만은 아니다. 일단 분양가에서 중도금 대출이 불가하다. 그래서 자금 조달을 위해 기존에 있던 자산 등을 원치 않는 타이밍에 매각해야 하고, 부족한 자금은 제1금융권 대출이 불가능하므로 2, 3금융권 이상까지 동원해 조달해야 한다. 그로 인한 이자비용과 기회비용은 매우 크다. 당분간은 몇 년 동안 여유롭게 생활하기가 어려울 수 있다.

인고의 시간을 기다려 대망의 완공, 입주까지 한 다음 이제 매각할 수 있다고 가정해보자. 강남의 요지인 역삼과 선릉 사이, 대한민국의 최고 인프라를 경험해 본 상태에서 이 집을 팔고 다른 어느 지역에서 살면서 만족하며 살 수 있을까? 경험해 본 삶의 기대가치가 높기 때문에 이보다 낮은 수준의 주거지로 이동하기 어렵다. 과감히 팔자니 대안이 만족스럽지 못하고, 깔고 앉아 살자니 부담이 큰 애매한 상황이 되는 것이다.

2) 비조정지역 2주택 – 미추홀포레나 2개

처음엔 참으로 힘든 고객이었다. 부동산을 처음 접하면서, 욕심은 있지만 두려움이 많아 선택을 미루며 망설이는 성향이었기 때문이다. 고객이 당시 인천에 거주하고 있었기에 갖가지 기회와 위험요소를 분석한 뒤 미추홀포레나로 결정했다. 그리고 아예 부부가 모두 청약하게 했다. 당시에 분양가격인 평당 1,300만원은, 송도에 육박하는 분양가로서 바로 주변 아파트 시세인 평당 700~800만원보다 훨씬 높은 가격이었다. 그래서 두

개 평형을 빼고 나머지는 모두 한 자릿수 경쟁률이었다. 그렇게 부부 둘 다 당첨을 시킨 다음 두 개 모두를 가져가라고 이야기했다. 역을 품고 있으며, 모든 편의시설이 있고, GTX-B를 쉽게 이용할 수 있어서 주변 환경에 약점이 있더라도 충분히 가능한 투자라고 판단했기 때문이었다.

물론 초보투자자인 부부의 저항이 거셌다. 인천이라는 한계점부터 시작해서 수백 가지 안 되는 이유만 골라서 주저하였는데, 대화가 어려워 그냥 SUG를 외쳤다(Shut Up and GO!). 그렇게 시간이 지나서 이제는 프리미엄이 약 1.5~ 2억 정도에 형성되어 있으며, 전매제한이 1년이었기 때문에 1년 후부터 언제든 매매도 가능하다. 게다가 2개의 분양권에 투자된 자금은 합쳐서 9천만원이 전부다. 비조정지역이라 중도금 대출도 나오고 무이자 혜택까지 있다. 자, 결론적으로 1억도 안 되는 자금을 투입하여 이미 3~4억 정도의 프리미엄을 형성했고, 맘만 먹으면 언제든 팔 수도 있다.

어떤가? 누가 투자의 위너라고 생각하는가? 개인 상황에 따라 여러 가지 의견이 있겠지만, 나는 단연코 두 번째, 비조정지역 다주택전략이 훨씬 더 뛰어난 투자라고 생각한다.

당장 숫자로도 비교우위를 가릴 수 있다. 우선 강남의 아파트는 투입자금 대비 수익성이 50%이다(8억의 시세차액/16억의 투입자금 : 전매제한).

반면 두 번째, 초보 부부의 인천 미추홀포레나는 투입자금 대비 수익성이 333%이다(3억의 시세차액/0.9억의 투입자금, 전매가능).

 분양권투자는 복합함수이다. 끝에 시세차액만 보면 안 된다. 굳이 모든 정부의 규제를 때려 맞으면서 강남으로 무리해서 갈 필요가 없다는 소리다. 이제는 게임의 룰이 바뀌었다. 어렵지만 비조정지역에서 옥석을 가릴 수 있는 진짜 실력을 키워 가는 게 훨씬 중요하다. 미추홀 포레나도 일반적인 초보투자자였으면 부부 중 하나만 가져가고 하나는 포기했을 것이다. 왜 두 개를 가져가게 했느냐, 그런 현장매물의 기회가 다시 또 오기 어렵기 때문이다. 확실하다고 판단하면 같은 현장이라도 과감하게 두세 개를 배팅해야 한다. 그래야 빠르게 목표한 바를 얻을 수 있다.

 조금 시간이 흐른 예 하나를 더 들어보겠다.
 2016년에 찾아온 고객 사례다. 지금도 비조정지역인 의왕에서 당시 6억에 분양한 푸르지오가 19년도 말경에 입주했는데 현 시세는 11억에서 12억원 정도가 나온다. 무려 5억~6억 정도가 오른 셈이다. 비조정지역이라 대출이 70%, 약 7억까지 나오는 것도 엄청난 메리트였다. 푸르지오 바로 옆의 LH아파트는 15년도 실거래가 4억 후반이었는데 19년도에 8억원 초반까지 올라가는 기염을 토했다. 이외에도 분양가가 평당 800짜리인 3억 정도 아파트가 몇 년 사이 1~2억이 훌쩍 뛰는 사례들이 많다. 경기도권, 비조정지역이라고 해서 결코 강남 등 인기지역보다 투자가치가 떨어지는 것이 아니다.

이처럼 분양권투자는 여러 변수가 얽혀 있는 복합함수이다.

'내가 어디에 살고 얼마의 유휴자금이 있느냐?' 이건 기본이다. 여기에, '지금까지 살아온 환경이 어떤가?' '부모님의 성향은 어떤가?' '주변 친구들이나 지인들의 수준은 어떠한가?' '어느 회사에 다니고 얼마만큼 사회를 넓게 보고 있는가?' '급여는 얼마인가?' '본인의 신용도는 어떠한가?' '어떤 삶을 살고 싶은가?' '어떤 목표가 있는가?'

이 질문들처럼, 개개인의 성향에 따라 체크해야 할 변수가 수없이 많고 개별성이 강하다. 이러한 변수 내에서 지금 당신이 살고 있는 집을 분양을 통해 바꿨다고 가정해보자. 이제부터 경험하게 된 환경과 경험하게 될 이웃, 그리고 경험하게 될 정책들로 당신의 미래 성향이 결정된다. 그 사실을 나는 경험을 통해 너무나 잘 알고 있다.

굳이 1등에 집착하지 말라. 모두가 강남에서 살 필요는 없듯이 모두가 강남에만 투자할 필요는 없다.

심지어 모두가 강남만 바라보고 있을 때 나와 우리 고객들은 이미 비강남지역에서 강남의 투자자들마저 부러워할 성과들을 만들어냈다. 강남에 투입할 자금으로 3등, 4등 지역에서 옥석을 가려서 다주택 투자전략을 선택하라. 그러한 투자 고민이 규제의 리스크를 헷지하고, 자산 수익률을 더욱 높여 줄 수 있는 핵심포인트가 될 것이다.

12단계

분양투자의 고도화, 징검다리 전략

　분양권투자를 하다 보면 어느 정도 경험과 내공이 쌓인 후에는 고민 사항이 생긴다. '대체 언제 빠져나가고 그다음으로 무엇에 투자해야 하는가?'라는 의구심이 그것이다.

　그런 의구심조차 없다면 아직 부동산 초보다. 운 좋게 한 개의 분양권으로 10억 이상의 수익을 얻는 경우도 있지만 극히 드문 케이스다.

10억의 수익을 얻기 위해서는 각자가 완전히 다른 전문적 이론과 개념이 필요하고, 그중 핵심이 바로 이번 장에서 설명할 징검다리 전략이다.

징검다리 전략의 기본 틀은 단순하다. 분양권투자 후 2~4년 이내에 투자한 매물들을 매각하면서, 투자수익금을 바탕으로 더 높은 수준의 새로운 분양권에 재투자하며 불려 나가는 것이다.

제1원칙) 다음 투자대상의 범위를 넓게 잡아라

이론은 단순해 보이지만 여기에는 많은 제약조건과 고민이 필요하다. 우선 분양권투자는 수분양권 취득과 분양권 매입방법이 있는데, 대부분의 지역은 이미 분양권 전매가 금지되고 있기 때문에 실질적으로 분양권을 매입하기는 어렵다. 따라서 수분양권 취득방식으로 분양권 갈아타기 전략을 써야 하는데 분양권 매입을 통한 방식은 내가 원하는 지역과 위치, 동/호수를 지정해서 매입할 수 있지만 수분양 취득방식은 내가 원하는 지역이나 위치, 동/호수가 아닐 가능성이 크다. 즉 처음 점찍은 매물로 투자하지 못할 가능성이 크다는 점이다. 따라서 징검다리 전략의 제1원칙은 투자범위를 넓게 가져가야 한다. 그러기 위해서는 필연적으로 어떤 부분을 양보하고 어떤 부분은 꼭 지켜야 하는지, 선택을 위한 정보 수집에 총력을 기울여야 한다.

제2원칙) 등기 전후의 차이를 정확히 알고 활용하라

두 번째로는 등기 전후에 따라 분양권 징검다리 전략이 다르게 적용된다는 점을 알아야 한다. 분양권은 주택이 아니다. 주택을 공급받을 수 있는 권리를 시공사에서 보증받은 계약권한일 뿐이다. 그러므로 등기 전에는 분양권을 2개 가지고 있더라도 주택 수에 포함되지 않는다(세법상으로만 주택 수에 포함되지 않고, 청약에서는 주택 수에 포함된다). 따라서 등기완료 된 집이 없는 상태에서는 2개의 분양권을 가지고 시공기간인 2~3년 동안에 매매를 통한 시세차액을 확보할 수 있는 기회가 있다. 그리고 등기 이후에 분양권이 주택으로 등재되면 이제 1주택 상태로서 갈아타기를 할 수 있다. 이때도 1주택 매도조건부로 징검다리 전략을 쓸 것인지, 1주택을 먼저 매도하고 무주택상태에서 좀 더 유리한 조건에서 분양권 확보에 집중할 것인지 결정해야 한다.

제3원칙) 1가구 1주택 비과세를 반드시 활용하라

분양권투자에서 가장 중요하게 고려해야 할 요소가 바로 세금이다. 사실 세금은 모든 부동산 투자에서 가장 중요하게 고려되어야 할 사항인데, 특히 분양권투자에서는 세금폭탄을 더더욱 주의해야 한다. 기본적으로 양도소득세 50%에 주민세 5%를 더해서 총 55%의 세금이 부과되기 때문이다. 한 개의 분양권만 가지고 등기를 쳐서 쭉 가져가는, 난이도 낮은 분양권투자를 한다면 크게 고려하지 않아도 되나 더 나은 수익률로 자산을 키워가고자 한다면 그만큼 어렵고 복잡한 길로 들어가야 한다.

가장 쉬운 방법은 완공되어 등기를 치고 1가구 1주택 비과세 혜택으로 매도해서 다음 분양권투자에 집중하는 방식이다. 이 경우는 반드시 등기 후 2년이 지나야 혜택을 받을 수 있다. 특히 조정지역에서 분양권을 보유한 경우는 2년의 의무거주요건까지 맞춰야 하는 점을 주의해야 한다. 예전처럼 2년만 보유하면 당연히 비과세가 되지 않으니 주의해야 한다.

다음으로 조금 더 나아간 방법이 바로 일시적 1가구 2주택 비과세 전략이다. 이는 징검다리 전략을 실행하는 데 반드시 알아야 한다. 일시적 1가구 2주택은 주택을 갈아타거나 어려가지 사유로 일시적으로 2주택을 보유한 사람들이 특정 시점까지 하나를 매도하면 비과세인 것을 말한다. 하지만 각론에 대해서도 상세히 알고 있어야 한다. 비조정지역 기준으로 1가구 2주택 혜택을 받기 위해서는 비과세 매도하려는 집이 취득 등기 후 1년이 지났어야 한다. 따라서 만약 등기 후 1년 이내에 다른 분양권을 등기해야 하는 상황이라면 비과세를 받을 수 없고, 굉장히 복잡하게 꼬일 수 있다. 징검다리 전략의 기본은 분양권이 등기를 완료하고 다음 분양권이 등기할 때까지 반드시 1년의 차이가 있어야 한다는 점이다. 이 규칙을 지키지 못하면 세금폭탄뿐 아니라 대출규제 등의 문제가 발생할 수 있다. 또한 기존주택은 3년 이내에 매도해야 한다.

여기서 조금 더 깊게 들어가 보자. 일시적 1가구 2주택이 조정지역 내에 있는 경우는 기존주택에서 2년 거주요건을 맞춰야 하며, 새로 등기한 집을 1년 이내에 전입 신고한 다음 기존주택도 1년 이내에 매도해야만 비과세혜택을 받을 수 있다. 이 규정대로라면 조정지역 내에서 분양권이 주택으로 등기가 완료되자마자 거주하면서 1년이 지났을 때 다음 분양권이 주택으로 등기되어야 하고, 그 새로운 주택으로 1년 안에 전입함과 동시에 기존 주택을 1년 이내에 매도하여야 한다. 이러면 기존주택은 2년 거주요건을 딱 맞출 수 있다.

조정지역의 경우는 굉장히 복잡하고 까다로운 요건들이 모두 충족되어야 하고, 그렇지 않으면 추후 세금추징을 당하기 때문에 굉장히 주의해야 한다. 2019년 12·16 대책을 통해 새 주택을 구입하는 일시적 1가구 2주택자는 기존 주택 처분기간이 2년에서 1년으로 줄어들었다. 그리고 2019년 12월 19일 이후 취득한 주택은 취득일로부터 1년 이내에 전입신고를 하고 기존 주택을 1년 이내 양도할 때에만 비과세 혜택을 받을 수 있도록 법이 개정되었다.

이상의 정보들만 봐도 알겠지만, 현 정부에서 밀고 있는 전략은 1가구 1주택제다. 한 가구에서 본인이 주거하는 집 이외에는 보유하지 말고, 보유할 경우엔 그에 맞는 세금을 내라는 것이다. 본래 양도가액이 9억원 이하인 매물에는 양도차익을 비과세하며, 9억원을 초과할 경우엔 연 8% 이상, 10년 이상 최고 80%에 달하는 장기보유특별공제가 적용된다. 그러나 조정대상지역 내 2주택 이상 보유자의 경우엔 장기보유특별공제가 배제될 뿐만 아니라 세율도 기본 양도세율에서 10% 추가 과제를 받는다. 일시적 1가구 2주택 비과세가 주택을 양도할 때 가장 큰 절세 혜택 중 하나인 만큼, 지역과 상황, 본인의 요건을 철저히 따져 활용해야 할 것이다.

아파트 분양권을 완공되어 등기할 때, 돈이 더 이상 필요치 않은 사례

A고객은 수원 망포 아이파크캐슬 1단지를 4억에 분양받았다. 이후 시간이 지나서 완공이 되고 등기를 하는 시점이 되었는데 모든 등기를 마치고 전세를 주고 난 후 깜짝 놀랐다. 추가로 돈 한 푼 들이지 않고 등기를 완료했기 때문이다.

어떻게 된 것일까?

우선 등기를 치면서 취득세 등록세로 600만원 정도의 비용이 들었다. 대출이 얼마나 될지 몰라서 은행에 가서 대출을 알아보았는데 분양가격이 4억이었음에도 완공 시에 시세가 상승해서 기준시가가 5억4천만원이 되었고, 이를 기준으로 하여 수원 망포는 비조정지역이었기 때문에 70%의 대출을 받을 수 있었다. 계산해 보자면 5.4억*0.7 = 3억7천8백만원의 대출을 받을 수 있게 된 것이다. 게다가 초기에 계약금 10%인 4천만원을 이미 냈기 때문에 더 이상 돈이 들어가지도 않았다. 문제는 매월 지불하는 대출이자인데, 이는 보증금 3천에 월세 90만원으로 맞춰서 해결할 수 있었다.

결국 추가적인 비용 없이 좋은 아파트를 보유할 수 있게 되었고 특정 시점에 원하는 가격으로 매각할 수도 있었다. 물론 각론을 살펴보면 약점이 있다. 거치 후 즉시 원금분할상환을 해야 하므로 추가적인 비용지출이 있다는 점 등이다. 하지만 큰 틀에서 보면 비조정지역에서 올라갈 수 있는 아파트 분양권을 잡게 되면, 완공 후 등기를 할 때 추가적인 자금을 들이지 않고도 보유할 수가 있다. 무리하게 손해를 보면서 서둘러 매각할 이유가 없다는 점을 유념해야 한다. 그렇게 '보유가능'이라는 옵션을 가지고 이제 징검다리 전략, 즉 일시적 1가구 1주택 전략으로 갈아타면서 자산을 키워나가는 프로세스를 밟아나가면 되는 것이다.

중도금 대출과 HUG/HF 주택보증 개념의 이해

　분양투자를 하기 전에 알아야 할 것이 바로 중도금 대출이다. 중도금 대출의 개념은 무엇일까? 새 아파트를 분양받는 서민들은 매수에 필요한 큰돈을 당장 지불하지 못한다. 그러므로 주택도시보증공사(HUG)와 한국주택금융공사(HF)에서 은행에 보증을 해주는 조건으로, 통상 5~6차례 나눠내는 중도금을 대출받을 수 있게 해 준다. 즉 분양 당첨자가 완공 때까지 추가적인 비용 지불에 대한 부담 없이 입주할 수 있도록 도움을 준다는 취지다.

　중도금 집단대출은 굉장히 중요하다. 게다가 계약시점에는 본인이 중도금 대출이 나올지 안 나올지, 정확히 알려주는 곳이 없을뿐더러 알려주는 것 자체도 불가능하다. 따라서 사전부터 이에 대한 충분한 지식을 가지고 분양투자에 들어가야 한다. 그 어렵다는 청약에 당첨되고 계약금도 다 냈는데, 느닷없이 중도금 대출이 안 된다고 하면 본인이 현금으로 중도금을 내야 한다. 납부하지 않으면 계약이 해지되기 때문에 지불한 계약금도 덩달아서 날리게 된다. 보통 중도금은 수억원에 달하는

데 이를 현금으로 낼 수 있는 사람은 많지 않다. 그렇기 때문에 필수적인 중도금 대출과 이에 핵심적인 역할을 하는 HUG/HF 주택보증을 정확히 파악해야 한다.

구분	HUG (주택도시보증공사)	HF (한국 주택금융공사)
영문	Korea Housing & Urban Guarantee Corporation	Korea Housing Finance Corporation
보증한도	5억	3억
보증대상	주택 및 주거용 오피스텔	주택

1. 중도금 대출 보증의 한도는 가구당 2건, 인당 5억이며, 분양가 9억 이상 아파트는 안 된다

중도금 대출 보증의 한도는 인당 2건, 인당 5억 한도이다. 이것은 개인을 기준으로 했을 때고, 세대를 기준으로 보면 세대당 2건, 세대인당 5억이 한도다. 인당 2건/세대당 2건과 인당 5억/세대인당 5억이라면 같은 말이 아니냐고 생각할 수도 있을 것이다. 하지만 이 두 기준은 엄연히 다르다.

예를 들어보자. 일반 개인이 단독세대를 구성하는 경우, 이 사람은 중도금 대출 보증을 2건 받을 수 있다. 하지만 2건의 합이 5억을 넘어서는 안 된다. 보증한도를 넘어서기 때문이다. 하지만 부부가 세대를 구성하는 경우, 이 세대는 중도금 대출 보증을 2건 받을 수 있다. 하지만 부부가 각각 1건씩을 받는다면 개인당 5억씩 총 10억까지 가능하다. 만약 부부 중 한 명만 받는다면 앞서 설명한 개인과 똑같이 5억이 한도가 된다.

이 모든 조건에서 중도금 대출 보증이 안 되는 경우가 있다. 바로 분양가격이 9억원 이상일 경우다. 이때는 중도금을 전액 본인이 현금으로 납입해야 한다. 분양 초보이고, 보유한 현금이나 담보대출로 받을 수 있는 자금이 충분치 않다면 9억 이상 분양가 아파트는 포기해야 한다. 덜컥 계약해 버리고 중도금 대출을 현금으로 지불하지 못하는 상황이 3회 이상 연체되면(연체이자도 10%에 육박한다) 계약 해지를 당할 수 있으며 그때 이미 지불한 계약금은 원칙상 반환받을 수 없다. 소중한 계약금을 눈 뜨고 날리는 상황이지만, 계약할 때에는 아무도 이런 이야기를 해 주지 않는다. 중도금을 낼 여유 자금이 충분치 않으면서 '중도금 대출을 사용해야지' 하는 생각으로 9억원짜리 아파트를 계약했다면? 눈물 나는 상황이 만들어질 수도 있다.

게다가 무주택세대라면 공시가격 9억원 이하의 주택을 구입할 때 LTV 60%, DTI 50%까지 대출이 가능하지만 1주택자는 기존주택 처분 서약을 진행해야 한다. 여기서 기존주택 처분서약은 대출 실행일로부터 2년 이내에 처분해야 하며, 분양권이나 입주권의 경우에는 등기를 친

후 2년 이내에 기존주택을 처분해야 한다. 만약 처분하지 못했을 경우에는 여신거래 약정위반으로 즉시 대출금을 변제하는 것도 모자라 3년 동안 모든 금융기관으로부터 추가 신규대출이 불가능해진다. 이처럼 부동산에는 위험천만한 함정들이 곳곳에 숨어 있다.

2. 중도금 대출 보증은 기본적으로 조정지역과 비조정지역의 기준이 다르다

조정지역은 1개까지만 중도금 대출 보증이 가능하고, 비조정지역은 2개까지 중도금 대출 보증이 가능하다. 여기서 좀 더 들어가면 조정지역 1개에 중도금 대출 보증을 받은 상태(담보대출)에서는 비조정지역 1개까지 추가로 중도금 대출 보증을 받을 수 있다. 하지만 비조정지역에서 먼저 1개의 중도금 대출을 실행한 상태라면 조정지역에서는 더 이상 중도금 대출 보증 실행이 불가하고, 비조정지역에서만 추가로 1개 더 대출이 가능하다(단, 기존 대출을 모두 상환하면 가능).

이런 규칙을 이해한다면 앞서 설명한 징검다리 전략을 시행할 때, 가급적 조정지역 내에서 중도금 대출을 먼저 실행하고, 이후에 비조정지역 대출을 실행할 수 있게 하는 순서에 대한 기획이 필요하다. 또한 지역에 따라, 개인에 따라 대출 가능 비율은 달라질 수 있으니 LTV와 DTI 비율에 대해서도 잘 알아 두도록 하자. 아래는 주택 구입 목적 시지역별 LTV/DTI 비율이다.

* 서민 실수요자 요건: 부부합산 연 소득 7,000만원 이하(단 생애 최초로 주택구입
시 8,000만원 이하), 주택 가격 6억원 이하, 무주택 가구

주택 가격	구분		투기과열지구 및 투기지역		조정대상지역		조정대상지역 외 수도권		기타	
			LTV	DTI	LTV	DTI	LTV	DTI	LTV	DTI
지역별 LTV·DTI 비율	서민실수요자		50%	50%	70%	60%	70%	60%	70%	없음
	무주택 세대		40%	40%	60%	50%	70%	60%	70%	없음
	1주택 보유 세대	원칙	0%	–	0%	–	60%	50%	60%	없음
		예외	40%	40%	60%	50%	60%	50%	60%	없음
	2주택 이상 보유 세대		0%	–	0%	–	60%	50%	60%	없음
공시 가격 9억 원 초과 주택 구입 시	원칙		0%	–	0%	–	공시가격 9억 원 이하 주택 구입 시 기준과 동일			
	예외		40%	40%	60%	50%				

만약 조정지역 이상에서 중도금 대출을 받으려는 사람이 유주택자라
면 규제조건이 한 가지 더 들어간다. 즉 보유한 주택 매도 서약을 하는
조건으로 중도금 대출 보증을 해준다는 것이다. 만약 2주택 이상 유주
택자라면 중도금 대출은 불가하다.

여기서 다시 한 번, 중도금 대출 보증은 인당이 아닌 세대당 2개까지
라는 점, 특히 부부인 경우는 세대가 분리되어 있더라도 한 세대로 본

다는 점을 주의해야 한다. 생각보다 분리세대에 대한 착오로 대출을 못 받는 경우가 많다.

3. HUG/HF 중도금 대출 보증 한도

앞에서 HUG/HF 주택보증은 HUG가 5억 한도, HF가 3억 한도라고 설명했다. 그렇게 되었을 때 규제지역과 비규제지역으로 나눠서 보면 아래와 같다.

◆ 규제지역(조정지역, 투기지역, 투기과열지구)은 세대당 1건이 가능하며, HUG은 5억 한도. HF는 3억의 한도로 대출받을 수 있다.

◆ 비조정지역(수도권비조정지역,비조정광역시)은 HUG와 HF를 통합해 세대당 2건이 가능하며, 조합을 어떻게 짜느냐에 따라 한도가 달라진다. HUG+HUG은 5억 한도, HF+HF는 3억 한도, HUG+HF는 5억까지 한도가 정해져 있다.

◆ 비조정지역에서 한 세대당 두 명이 대출하는 경우에는 총 한도액이 최대 10억까지 늘어난다. HUG에서 본인이 2건 대출시에는 합 5억 까지, HUG에서 본인이 1건, 배우자가 1건을 대출시에는 5억×2로

합이 10억까지 대출된다. HF에서 본인 2건 대출시에는 합 3억까지, HF에서 본인이 1건, 배우자가 1건을 대출 시에는 3억×2로 합이 6억까지 대출된다. 또한 교차하여 HUG에서 본인 1건+HF에서 본인 1건을 대출 시에는 5억+3억으로 합 8억까지 대출된다.

이때, 중도금 대출은 아파트 분양가격의 60%를 해 주는데, HUG/HF 주택보증은 이 중도금 대출금에 대한 80%를 보증한다는 비밀이 있다.

즉 5억짜리 아파트라면 3억까지 중도금 대출을 받을 수 있고, HUG/HF는 3억의 80%인 2.4억을 은행에 보증해 주는 것이다. 자세히 설명하자면 중도금 대출실행 금액의 80%까지 중도금 대출 보증이 가능하기 때문에, 실제 중도금 대출을 받을 수 있는 금액은 HUG의 경우 인당 6.25억까지(HUG 보증한도 5억이 80% 보증이므로 100% 대출가능 금액은 6.25억) 늘어난다는 점이다.

중도금 대출 보증금액과 중도금 대출 가능 금액의 개념이 다르다는 것을 이해하고 이를 활용해 징검다리 전략을 수립한다면 남보다 한 단계 앞설 수 있다는 점을 기억하라. 당장 밟을 수 있는 돌의 거리가 몇 발짝은 더 늘어나는 것이다.

4. 이자후불제, 중도금 대출이자에서는 어떻게 바뀔까?

이자와 이자후불제

중도금 대출 시 중요한 사실이 있다. 바로 이자의 종류인데, 이 이자가 무이자인지 후불제인지를 미리부터 확인해야 예상치 못한 이자 폭탄에 눈물을 삼키는 상황이 없다. 게다가 요즘은 중도금 대출이 무이자인 경우는 거의 없다. 이자후불제를 자세히 알고 있어야 하는 까닭이다.

무이자 중도금 대출의 뜻은, 단어 그대로다. 건설사가 대신 납부하여 우리는 이자를 내지 않아도 되는 조건으로 중도금을 대출받을 수 있다는 것. 그렇다면 이자후불제는? 이 역시 단어 그대로, 매달 발생하는 중도금 대출의 이자를 잔금 지급 시점에 몽땅 납부하는 것이다. 무이자라면 마음 편하겠지만 대부분은 이자후불제니 잔금을 지급할 때 치러야 할 이자비용도 미리미리 계산하는 편이 좋다. 또한 투자의 목적으로 분양권을 매수한 이가, 입주 전에 분양권을 매도하려 한다면 이자비용과 처리 방법을 새로운 매수자와 협의하여 조율해야 한다. 만약 중도금 대출이 불가능한 분양가 9억원 이상의 아파트를 분양받으려 할 경우, 연체율을 확인한 뒤 뛰어들어야 한다.

5. 잔금대출을 잘 받으려면 어떻게 해야 할까?

사전점검 시기, 혹은 입주 때가 찾아오면 여러 지정 은행에서 잔금대출 상품이 나온다. 이는 대부분이 중도금 대출의 미상환액까지 포함한 대출이다. 그러므로 금리, 거치 상품 여부, 개인별 DTI 및 LTV가 맞는지가 매우 중요하다. KB국민은행에서 'KB시세'를 낸 경우 그것이 기준이 되고, KB시세가 없다면 은행에서 자체 감정을 거쳐서 대출 승인 금액을 알려준다. 잔금을 대출한 뒤 갚아야 할 원리금 상환액을 계산하는 법은 간단하다. 입주를 해서 4%의 이자로 2억원을 잔금 대출받았다는 가정하에, 상환 기간을 25년으로 설정했다면 인터넷 검색 창에 '대출계산기'를 입력해 보자. 대출 금액과 연 이자율, 상환 방법 등을 설정해 계산을 돌리면 한 달에 내야 할 상환액이 나온다.

6. 2·20 대책이 중도금 대출에 미친 영향

현재 경기 수원, 안양, 의왕 등의 조정대상지역에서 아파트를 분양받을 경우 분양가 9억원이 넘는 주택은 중도금 대출이 불가능하다. 다만 입주 시에는 시가 15억원을 초과하더라도 잔금대출은 받을 수 있다. 현재 조정대상지역으로 추가 지정된 수원 영통, 권선, 장안, 안양 만안, 의왕시 등에 이러한 대출규제가 적용되는데, 2·20 대책으로 변경된 부분은 기존 60%였던 주택담보대출(LTV)이 시가 9억원 이하분엔 50%, 9억원 초과분엔 30%로 차등 적용토록 했다는 것이다. 이는 물론 분양 아파트 중도금 및 잔금대출에도 적용되는 사항이다. 현재는 모든 규제 지역에서 9억원이 넘는 분양아파트의 중도금 대출이 허용되지 않는데, 이에 따라 만약 분양가가 8억원이라면 LTV 50%인 4억원이 대출의 한도가 된다.

또 하나 참고해야 할 점은 위에서 언급한 담보대출이다. 조정대상지역에서는 투기지구, 투기과열지구와는 다르게 15억원 초과 주택을 담보로 잡아 잔금대출을 받을 수 있다. 입주 시점에 시세가 15억원을 넘어도 가능하므로 옵션 중 하나로 머릿속에 넣어 두도록 하자.

14단계

임대사업자 등록 완전정복

임대사업자 등록, 해야 하나 말아야 하나?

'임대사업자 등록'은 유주택자라면 한 번쯤 고민해 본 옵션일 것이다. 실제로 잘 모르는 사람이라면 임대사업자 등록을 해야 할지, 1주택자도 가능한지 다주택자만 되는지, 등록하는 것과 등록하지 않는 것 중 어떤 쪽이 유리할지 헷갈리기 마련이다. 다만 주택임대사업자는 정부의

정책 변경에 따라 수없이 등락을 거듭했던 양날의 검이다. 다주택자, 보유세, 12·16 대책, 앞으로의 전망 등을 이야기하기 전, 우선 주택임대사업자의 개념부터 짚고 넘어가자.

주택임대사업자란 공공주택사업자가 아닌 자로서 1호 이상의 민간임대주택을 취득하여 임대사업을 할 목적으로 「민간임대주택에 관한 특별법 제5조」에 따라 등록한 자이며, 민간임대주택은 임대 목적으로 제공하는 주택으로서 임대사업자가 같은 법 같은 조에 따라 등록한 주택을 말한다. 임대주택은 취득 유형에 따라 민간건설임대주택, 민간매입임대주택으로 구분되며, 임대의무기간에 따라 공공지원·장기일반·단기민간임대주택으로 구분된다. 등록절차는 비교적 간단하다. 필요서류(신청서, 임대사업자별 필요서류, 임대주택별 필요서류)를 구비해 놓은 뒤 임대사업자 등록을 신청하고, 임대사업자등록증이 발급되면 임대사업자등록증 발급 후 부가가치세 면세사업자 등록을 세무서에 가서 하면 된다.

1. 해야 하는 이유, 임대사업자 등록의 장점

임대사업자 등록을 한 사람도 안 한 사람도 있을 것이며, 지금 이 순간에도 고민하는 사람이 있을 것이라고 생각한다. 이제부터 임대사업자 등록의 장단점을 고화률의 '부동산 수익 영역'에서 설명해 보겠다.

임대사업자의 장점 첫 번째는 세금 폭탄, 세부담에서 어느 정도 살아남을 수 있다는 것이다. 12·16 대책에 따라 2020년부터는 종합부동산세 등 보유세 부담이 대폭 늘어나리라고 예상된다. 특히 조정대상지역 내에 주택을 2채 이상 보유한 다주택자들의 세부담은 더더욱 커질 전망이다. 올해 5월에는 2019년 귀속, 2,000만원 이하의 주택임대소득까지 소득세를 내야 하니 등골이 휘는 것은 당연지사이다.

그렇기에 지방세, 임대소득세, 양도소득세, 종합부동산세 등 임대소득자 등록 후 얻는 세제혜택이 더욱 크게 체감된다.

우선 지방세부터 알아보자.

관할 시군구에 주택 임대사업자로 등록하면 지방세인 취득세와 재산세 각각의 요건을 충족할 경우 혜택을 받을 수 있다. 취득세의 경우 단기·공공지원·장기일반 모두 해당이 되는데, 전용면적 60㎡ 이하일 경우 200만원 이하의 취득세는 면제받을 수 있고, 200만원을 초과할 경우 85% 감면을 받을 수 있다. 전용면적 60~85㎡의 경우에는 8년 이상 장기임대 목적으로 20호 이상 취득한 경우에 한해서 50% 감면이 가능하다.

재산세는 단기냐, 혹은 공공지원/장기일반이냐에 따라 혜택이 다르다. 단기임대인 경우 최대 50% 감면되며, 공공지원·장기일반은 최대

85% 감면(전용면적 40㎡ 이하+50만원 이하는 면제)이 가능하다. 여기서 주의할 점이라면 이 지방세 혜택은 2021년 12월 31일까지만 적용된다는 점이다. 만약 법률의 적용 기한이 연장되지 않는다면? 이후에는 임대사업자든 뭐든 혜택을 받을 수 없다. 또 재산세의 경우, 공동주택 또는 오피스텔 2세대 이상 임대목적으로 등록하여 재산세 과세기준일 현재 임대목적으로 직접 사용해야만 혜택을 받을 수 있다. 모든 호수의 전용면적이 40㎡ 이하인 다가구주택을 장기일반민간임대주택으로 등록한 경우는 예외적으로 1채만 등록하더라도 가능하지만, 그 외의 경우에는 1개의 임대주택만 등록했을 때 재산세 혜택은 받을 수 없다.

다음은 주택임대소득세다. 이제 임대로 소득을 얻는 이들 모두가 임대사업자 등록과는 관계없이 주택임대소득세를 염두에 두어야 한다. 이유는 정책의 변경이다. 2018년까지 2,000만원 이하의 주택임대소득은 비과세였지만, 2019년부터는 2,000만원 이하라 하더라도 소득자가 임대소득세를 내야 한다. 대상은 기준시가 9억원을 넘는 주택을 월세로 준 1주택자, 월세 수입이 있는 2주택자 이상 소유자, 보증금 합계가 3억원을 넘는 3주택 이상 소유자다. 여기서 임대소득세를 계산하는 주택 수 계산은 부부합산이다.

게다가 관할 세무서에 주택임대사업자 등록을 않은 경우 임대 수입의 0.2%에 해당하는 가산세 대상이 되므로 신속히 움직여야 한다. 예외적으로는 작년 12월 31일 이전에 주택 임대를 시작했고, 올해 계속 임대주택을 유지하는 주택자가 1월 21일까지 사업자 등록을 마쳤다면 가산세 부과대상에서 벗어난다.

세무서를 포함한 관할 시군구에 모두 임대사업자 등록도 완료했고, 필요로 하는 일정 조건까지 충족시킨다면 임대소득세감면혜택을 받을 수 있다. 혜택을 받는 조건은 다음과 같다. 수도권 및 수도권 외 도시지역은 전용면적 85㎡ 이하, 수도권 외 비도시지역 중 읍면 지역은 전용면적 100㎡ 이하인 경우 임대소득세 혜택을 받을 수 있으며, 임대사업자 기간이 단기(4년)인 경우 30% 감면, 공공지원·장기일반(8년)인 경우 75% 감면을 받는다.

유의해야 할 점이라면, 임대개시일 당시 기준시가 합계액(주택 및 부수토지)이 6억원 이하의 주택을 1호 이상 임대하는 경우에 한한다는 것이다. 다른 조건이 다 맞아떨어져도 임대 개시일 당시 기준시가가 6억원을 초과하는 주택은 임대소득세 혜택은 받는 것이 불가능하다. 다음 조건은 임대차 계약을 기준으로 임대료 증가율이 5% 이내여야 한다는 것이다. 기존 세입자가 계약을 하든, 새로운 임대차 계약자가 계약을 하든 공평하게 제한을 받는 조건이다.

종합부동산세 혜택도 빼놓을 수는 없다. 임대주택으로 등록하면 종부세 과세 대상에서 제외가 되는데, 이는 임대개시일 공시가격이 수도권에서 6억원 이하(비수도권 3억원 이하), 임대기간 8년 이상, 임대료 증액률 5% 이내여야 적용이 가능하다. 2019년에 정부가 내놓은 12·16 부동산대책에서는 다주택자의 종부세 세율이 인상되었는데, 여기서 종부세 합산 배제를 받아 세금 부담을 낮출 수 있다면 주택 임대사업자 등록이 쏠쏠한 조력자 역할을 할 것이다.

다만 1주택 이상 보유한 1세대가 2018년 9월 14일 이후에 조정대상 지역에서 새로 취득한 주택을 임대 등록할 경우에는 종부세가 배제되지 않고 그대로 합산되니 주의해야 한다.

다음은 비과세혜택이다. 주택 임대사업자로 등록을 하면 임대사업자 본인이 거주하는 거주주택양도 시에 비과세 혜택도 받을 수 있는데, 이 역시 조건이 있다. 우선 임대사업자 등록(세무서와 관할 시군구 모두 등록)이 완료되어야 한다. 임대개시일 당시 주택의 공시가격은 6억원(비수도권 3억원) 이하에, 5년 이상 임대해야 하며 임대보증금 등 임대료 5% 이하 증액 제한까지 만족해야 한다. 거주주택에는 2년 이상 거주해야 하며, 임대주택 외의 거주주택은 1채만 있어야지 양도세 비과세가 가능해진다. 만약 2019년 2월 12일 전에 주택 매매계약을 체결, 계약금을 지급했다면 양도소득세 비과세 횟수 제한이 없다. 2019년 2월 12일 이후 취득한 주택은 평생 한번 거주 주택에 대한 비과세 특례 제한을 받는다.

하나, 취득세

공동주택 및 주거용 오피스텔이 전용면적 60㎡ 이하일 경우 감면 혜택을 받을 수 있고, 200만원을 초과할 경우 85% 감면된다. 전용면적 85㎡ 이상일 경우도 감면 혜택은 가능하다. 다만 8년 이상의 장기임대목적으로 20호 이상 취득한 경우만 해당.

둘, 재산세

재산세도 공동주택의 전용면적에 따라 감면혜택이 달라진다. 전용면적 60㎡ 이하 단기임대는 최대 50%, 공공지원/장기일반은 최대 85%까지 감면 가능하다. 단 2세대 이상 임대목적으로 등록해야 혜택을 받을 수 있다.

셋, 다가구 주택/그 외 비용 감면 혜택

다가구 주택도 감면 혜택을 받을 수 있는데, 모든 호수의 전용면적이 40㎡ 이하면서 공공지원/장기일반으로 등록한 경우만 해당한다. 임대소득세와양도소득세, 종부세, 건보료 등등에서도 감면 혜택을 받는다.

넷, 임대소득세 감면 혜택

수도권 및 수도권 외 도시지역은 전용면적 85㎡ 이하, 수도권 외 비도시지역 중 읍면 지역은 전용면적 100㎡ 이하인 경우 임대소득세 혜택을 받을 수 있으며, 임대사업자 기간이 단기(4년)인 경우 30% 감면, 공공지원·장기일반(8년)인 경우 75% 감면이 가능하다. 단 임대개시일 당시 기준시가 합계액(주택 및 부수토지)이 6억원 이하의 주택을 1호 이상 임대하는 경우에 한한다.

다섯, 재산세

단기임대인 경우 최대 50% 감면되며, 공공지원·장기일반은 최대 85%감면(전용면적 40㎡ 이하+50만원 이하는 면제)된다. 단 따로 정책 변경이 없을 시, 지방세 혜택은 2021년 12월 31일까지만 적용된다.

여섯, 종부세 혜택

임대주택으로 등록하면 종부세 과세 대상에서 제외한다. 다만 이는 임대개시일 공시가격이 수도권에서 6억원 이하(비수도권 3억원 이하), 임대기간 8년 이상, 임대료 증액률 5% 이내여야 적용된다.

일곱, 비과세 혜택

임대사업자 본인이 거주하는 거주주택 양도 시에 비과세 혜택을 받을 수 있다. 조건은 임대사업자 등록(세무서와 관할 시군구 모두 등록) 완료 및 임대개시일 당시 주택의 공시가격 6억원(비수도권 3억원) 이하 +5년 이상 임대+임대보증금 등 임대료 5% 이하 증액 제한을 충족해야 한. 거주주택에는 2년 이상 거주해야 하며, 임대주택 외의 거주주택은

1채만 있어야 양도세 비과세가 가능하다.

2. 위험한 까닭, 임대사업자 등록의 단점

앞에서 길게 이야기했지만, 임대사업자 등록이란 장점만 있는 것이 아니다. 오히려 '양날의 검'이라고 불릴 만큼 잘 알아보지 않을 경우 후회할 단점이나 규제 등등도 많다. 앞서 장점들을 알아보았으니 이번에는 단점을 알아보도록 하자.

현재, 신규로 등록하는 임대사업자는 반 토막이 난 상태다. 국토교통부의 2019 신규 임대등록 실적에 따르면 당해 등록 임대사업자는 7만 3,855명으로, 1년 전의 14만7,957명보다 50.1% 감소했다. 지역별로 살펴보면 서울은 2만5,132명으로 58.4% 감소했고, 수도권에서는 5만5,981명으로 50.9%가 줄어들었다.

2015년부터의 등록 임대사업자 변화를 보면, 2015년에는 13만, 2016년에는 20만, 2017년에는 19만, 2018년에는 38만, 2019년에는 14만 명으로 소위 '널뛰기'를 일삼았다. 이는 정부 정책이 임대사업자에 미치는 영향이 얼마나 큰지를 보여주는 사례다.

시간을 조금 앞으로 돌려 보자. 우선 2018년, 9·13 부동산대책에서 정부가 임대사업자에 대한 세제 혜택을 대폭 축소했다. 1주택 이상 유주택자가 조정대상지역에서 주택을 사고 임대등록을 하면 양도소득세를 최대 20%포인트까지 중과하고, 종합부동산세에 합산 과세했다. 게다가 투기지역 및 투기과열지구 내 임대사업자 대출에 담보인정비율(LTV) 40%까지 도입하며 임대사업 목적으로 집값이 오르는 것을 방어하겠다는 기조를 보였다. 그런데 2019년, 12·16 대책에서 주택 가액 기준 시설 취득−재산세 혜택이 축소되고 미성년자 등록 제한 등 요건이 강화되었다. 반 토막이 난 임대사업자 등록자 숫자를 보고 정부가 다시 정책 기조를 바꾼 것이다.

이에 따라 공시가격과 종부세율은 더 오를 예정이니 장점이라 할 수 있겠다. 다만 유의해야 할 것은, 대한민국은 몇 년간 임대사업자 등록 추세가 들쑥날쑥했다는 점이다. 정부가 임대주택 등록 활성화 ▶ 집값 규제 ▶ 다시 활성화로 돌리는 사이클이 이어지면서 운 좋게 이익을 본 이들도 있겠지만, 피를 본 이들이 나올 수 밖에 없었다. 그러므로 다음 단점을 잘 숙지하고, 임대사업자에 대해 완벽하게 이해한 상태에서 이 시장에 뛰어들어야 하겠다.

하나, 의무임대기간

긴 의무임대기간(세금혜택의 대부분이 8년 이상에 집중, 그 이하는 절세효과가 적음)에, 임대 약정 기간 내 처분할 경우 과태료에 감면 세금까지 추징된다.

둘, 임대료

임대료 상승 제한. 의무 임대기간 중 임대료 증액률은 임대료의 5%
안에서 제한되며, 주거비 물가지수/인근 지역 임대료 변동률/임대주택
세대 수 등을 고려하여 인상분을 산정해야 하니 골치가 아프다.

셋, 사업자현황 신고, 소득세 신고 및 납부

등록자 입장에서 달갑잖은 사업자현황 신고(반드시 표준임대차계약서
를 작성해야 하고, 매년 전년도 수입 금액 및 임대현황에 대해 세무서
에 면세사업자 현황신고를 해야 함)를 해야 한다. 더불어 5월에는 소득
세 신고 및 납부도 해야 한다.

3. 임대사업자 등록, 분양권투자와 병행이 가능할까?

결론부터 말하자면, 아직 소유권 이전 등기가 나지 않은 분양권을 가
지고도 임대사업자 등록이 가능하다. 이는 아파트 분양에 당첨 '분양권'
혹은 조합원 입주자로 선정된 지위 '입주권' 모두 해당한다. 다만 문제

는 '분양권'에는 건물의 실체가 없고, '입주권'에는 공시가격이 정해지지 않았다는 것이다. 그러므로 이를 염두에 두고 전략을 짜야 할 필요가 있다. '양도세 중과'나 '종부세 합산'에서 자유로운 임대주택의 전용면적은 85㎡ 이하, 수도권 6억원(공시가격), 비수도권 3억원 이하인 경우에만 해당한다.

1) 최초 분양가만 고려해 무턱대고 임대를 개시할 경우?
   세제혜택은 '임대차 개시일' 시점의 주택가격을 기준으로 하기 때문에, 최근 집값이 급등한 경우라면, 예상치 못한 세금 폭탄을 맞을 수 있으니 주의하자.

2) 세제혜택이 '임대차 개시일' 시점의 주택가격임을 알고 있고, 최근 집값이 많이 올랐다고 판단되면? 공시가격이 4월 말에 확정되기 전, 임대차사업자 등록과 임대차 계약 개시를 서둘러 마무리 짓는 것이 유리하다.

〈TIP〉

공동주택의 가격은 매년 10월부터 조사를 시작해 이듬해 1월 1일 가격 기준으로 같은 해 4월 말에 공표한다. 따라서 1월 1일부터 4월 말까지는 그해 공시가격이 정해지지 않은 상태기에 이 기간 안에 등록할 경우엔 전년도 공시가격이 기준이 되기 때문이다. 이를 알아 두면 추후 유용하게 활용 가능하다.

15단계

Case Study, 실제사례 연구

CASE STUDY 1) 지방거주자, 조정지역 내 GTX 수혜지역 분양권 확보

A씨는 지방에서 결혼을 하지 않고 혼자 살면서 회사에 다니고 있다. 예전부터 부동산에 대해 뭔가를 하긴 해야겠다는 생각을 했지만 어디서부터 시작해야 할지 몰라 막막한 상황이었다. 그러다가 '분명남'팀을 만나서 도움을 받게 되었다.

분명남팀에서는 A씨의 상황을 분석했다. 당시 대구에 거주하고 있지만 언젠가는 수도권으로 와야 하는 상황이라는 것을 바탕에 깔고, 추후거주지까지 감안한 분석에 들어갔다. 여러 과정이 있었는데 최종적으로는 안양호계 두산위브 수분양자(최초 건설사로부터 가장 처음 분양받는 사람) 지위를 확보할 수 있었다.

안양호계 두산위브는 청약조정대상지역이었는데, 단지 주변에 크고 작은 공장들이 많아서 쾌적하지는 않다는 단점이 있었다. 분양시기에는 학군도 교통도 애매하고 용적률만 높으며, 단지 교통과 교육, 생활 등 주거환경을 감안하면 분양가가 높지 않냐는 평 속에서 초반부 난항을 겪었다. 그래서 안양에선 거의 처음으로 1순위 청약 미달 상황에 이르기까지 되었고, 청약 당첨자들도 대거 포기하여 미분양 물량이 다수 발생한 상황이었다.

하지만 분명남팀은 A씨에겐 이곳이 가장 적합하다고 판단했다. 우선 A씨는 단독세대긴 하지만 부양가족이 없어서 청약 당첨이 거의 불가능한 상황이었고, 지방에 거주하는 터라 수도권 청약에는 넣어볼 기회가 없었기 때문에 정상적인 방법으로는 기회조차 가질 수 없었다. 이런 상황에서 분양현장을 정밀하게 살펴볼 때, GTX-C가 인근 금정역에 예정되어 있어서 나중에 수도권으로 올라오면 큰 수혜를 받을 수 있다고 판단했다. 아울러 인접한 호계동 평촌어파인퍼스트가 입주하고 덕현지구 재개발까지 완료되면 일대가 대규모 주거단지로 발전할 것이라는 점도 고려했다.

그렇게 되면 주변 공장단지와 안양교도소의 이전 압박이 심해질 것이고, 이후 변화할 모습을 감안하면 안양 호계동은 더이상 예전의 호계동이 아닌 부촌으로 변모할 것이라 판단했다. 분명남팀의 예상은 시간이 지남에 따라 차근차근 진행되는 중이다. 청약경쟁률 22:1, 그리고 당첨자 평균가점이 42점에 달했던 안양호계 두산위브를 과연 가점 10점대의 지방에 혼자 거주하는 A씨가 아무런 전략 없이 분양받을 수 있었을까?

미분양 된 곳의 약 90% 정도는 가치 없는 위험한 경우가 맞다. 하지만 그중에서 옥석을 가려낼 수만 있다면? 황금알을 낳는 엄청난 거위가 된다.

CASE STUDY 2) 분양권투자를 원하는 서울 유주택자

B씨는 연세가 좀 있는 서울 유주택자이다. 그래서 빠르게 변하는 아파트 분양시장의 변화에 즉각적으로 대응하고 자유자재로 활용할 수 없는 약점이 있었다. 혼자서 열심히 공부하면서 정보를 수집하던 중 분명남팀을 만나게 되었다.

분명남팀에서는 B씨가 서울에 주택이 있는 상황에서 추가적인 분양권투자를 실행하기란 난이도가 높다는 점을 이야기했다. 각종 규제와 세금에 대한 헷지를 위해서는 딱 적합한 분양매물을 기다려야 하는데 분양권 전매제한이 걸리다 보니 매수할 수 있는 분양권도 없고 청약을 통한 분양은 유주택 상태여서 쉽지 않았다. 한마디로 진퇴양난. 분명남팀은 분양투자 대상지역에 대한 범위를 크게 넓혔다. 그렇게 여러 시도가 있었고 최종적으로 선정했던 매물은 검단신도시 대광로제비앙이었다. 모든 분양투자의 핵심은 타이밍이라는 점을 제대로 가르쳐준 곳이 바로 이 현장이다.

대광로제비앙은 검단신도시에 위치해 있었고, 이때만 해도 검단신도시에 물량이 쏟아져 나오는 시기라 철저하게 수요자에게 외면받았다.

결과는 참담한 미분양이었다. 이때 분명남팀은 신속하게 검단신도시 대광로제비앙을 상세분석하고 최종적으로 투자승인이라는 결론을 내렸다. 가장 큰 이유는 대규모택지개발지구인 검단신도시라는 이유였다. 현재 교통망은 더 엉망일 수 없을 만큼 최악이다. 그 이야기란, 신도시의 인구유입 효과와 도시발전을 감안했을 때 그대로 교통망을 방치할 수 없다는 말이 된다. 반드시 정부에서는 교통망을 추가로 확충할 수밖에 없다고 확신했다. 아니나 다를까, 대광이 완판되고 나서 얼마 후 정부에서는 광역교통계획 2030에서 인천 검단신도시의 GTX-D 노선을 발표했다. 그뿐만 아니라 서울 5호선 연장도 이미 추진 중에 있다. 이렇게 발표된 계획만으로도 절대 떨어지진 않을 것이란 확신이 있었다. 게다가 B씨가 분양을 받은 평형은 30평인데, 분양가 상한제를 적용하여 가격이 3억9천이다. 인근 김포 신축 아파트 30평형대가 5.5억 정도 하는 점을 감안할 때 아무리 못해도 1억 이상의 시세차액은 보장된 것이었다. 또한 북검단에 위치한 초중고등학교가 바로 인접해 있었기 때문에 교육 면에서도 굉장히 큰 메리트가 있었다.

그래서 신속하게 의사를 결정한 뒤 함께 현장으로 이동했고, 즉시 로열동에 로열층을 잡을 수 있었다. 결과적으로 검단 대광로제비앙 미분양 물량은 일주일도 안 돼서 모두 완판돼 버렸다. 그만큼 여기 현장의 장점을 이해하는 사람들이 많다는 의미로 받아들일 수 있다.

만약 하루라도 의사결정이 늦었다면 로열동 로열층이 아닌, 구석에 있는 동이나 저층을 선택할 수밖에 없는 상황이었을 것이고, 2~3일 늦어졌다면 아예 못 잡는 상황이 되었을 수도 있다. 지금 B씨는 행복하다. 검단은 지금이 최악이기 때문에 입주가 시작되고 각종 교통호재가 나오길 기다리기만 하면 된다. 현금을 가지고 있을 때는 기다리면 기다릴수록 화폐가치가 떨어져서 손해를 보는 것이지만, 검단에 투자한 이후로는 기다리면 기다릴수록 각종 교통망이 확충되고 도시가 발전할 것이기 때문에 이익을 얻는다. 시간은 B씨의 편이 된 것이다.

이 사례처럼 분양투자는 하루, 아니 몇 시간 내에 의사결정을 마쳐야 하는 상황이 많이 발생한다. 정확한 기준을 세우고 기준에 부합한다면 즉시 판단을 내려야 한다. 그러려면 응당 많은 지식을 가지고 있어야 한다. 분양권투자의 특징은 내가 사고 싶다고 살 수 없다는 것이다. 시장에서 기회를 주는 소수의 매물에 대해서만 투자할 기회를 가지므로 약간의 하자가 있는 매물이라고 해서 함정에 빠지지 않고, 정확히 분석할 수 있는 본인만의 시각이 있어야 한다.

CASE STUDY 3) 구축 아파트 매입 대신 유망한 분양권으로 선회한 경기도 유주택자

C씨는 처음부터 분양은 본인과 관련이 없을 거라고 생각해서 딱히

관심이 없었다. 그래도 내 집 마련을 해야 하기에 구축 아파트를 매입하기 위해 정보를 수집하는 중에 분명남팀을 우연히 만났다. C씨가 구축 아파트를 매입하려고 알아보는 이유는 지금 아니면 나중에는 내 집 마련을 하기 더 어려울 거라고 생각했기 때문이다. 하지만 아무 곳은 싫고, 기왕이면 미래 가치가 큰 곳을 매입하기를 원했다. 물론 그런 매물은 굉장히 비쌌기에 이것도 저것도 선택하지 못하던 상황이었다.

분명남팀은 C씨의 주요 사회활동 동선을 체크했다. 용산과 강남지역에서 주요 사회활동을 하고 있었는데, 인근의 좁은 집보다는 조금 멀어도 넓고 여유 있는 공간이 보장된 집에서 생활하고 싶다는 삶의 니즈도 파악하였다. 다양한 변수를 고려하여 분명남팀에서 결정한 곳은 운정신도시 GTX-A 노선 역세권이었다.

당시 B씨가 보유한 자금으로는 강북은커녕 일산 소형 구축 아파트 매입도 어려웠다. 이럴 바엔 아예 더 멀리 이동해서, 원하는 '여유로운 주거공간과 생활공간'이라도 제대로 확보하는 것이 좋다고 판단했다. 다만 그렇게 되면 문제가 되는 주요 사회활동 지역에서 너무 멀어진다는 것인데, 이를 모두 해결할 수 있는 곳이 바로 파주 운정신도시 GTX-A역 인근 지역 아파트라고 결론을 내렸다.

하지만 그 타이밍에는 이미 GTX-A 운정역세권 아파트 분양이 거의 마무리가 되어가는 시기였다. C씨는 분명남의 지침에 따라 이제 막 청약통장에 가입한 상태였기 때문에 1순위 자격조차 갖추지 못했다. 그래서 전략을 수정하여 2순위로도 잡아낼 수 있는 곳을 물색했고 e편한세상 운정어반프라임이 대상에 들어왔다. 다양한 평형 분석을 통해 일부가 2순위까지 예비당첨이 올 것이라 예상했고 그 예상은 보기 좋게 적중, 2순위 청약통장+예비당첨인데도 저층이 아닌 7층이라는 좋은 층을 잡아낼 수 있었다.

GTX-A 운정역은 공사가 한창이다. B씨는 이곳 현장을 볼 때마다 행복하다. 통장 2순위로 전략적 판단에 의해 좋은 아파트 분양을 받을 수 있었고, 운정신도시라면 삶의 질도 본인이 목표로 한 수준까지 보장받을 수 있다고 여기기 때문이다.

GTX는 부동산 투자관점에서 새로운 핵이라고 보면 된다. 강남과 강북의 최대 업무지구를 20분 내외로 이동시켜줄 수 있는 획기적인 교통망이기 때문이다. 유럽 등 선진국에서 GTX와 유사한 도시 내 고속이동철도와 주택가격의 상관관계를 살펴보면, 도시 중심보다는 각 노선의 맨 외곽 쪽 투자수익률이 가장 높았다. 다만 그 영향도가 역을 중심으로 1.5~2킬로미터 정도가 한계점이라는 것이 주의할 사항이다. 이러한 배경정보를 바탕으로 예상할 때, GTX-A가 나오면 지금의 택지지구에서 분양가상한제를 적용받은 운정신도시 역세권 아파트가 아마 가장 높은 수익이 나올 것이다. 2순위 통장으로 7층을 잡았던 C씨는 누구보다 높은 투자 대비 수익을 낼 테고 말이다.

CASE STUDY 4) 징검다리 전략을 실행 중인 부부

D씨 부부는 마곡과 부천에 있는 회사에 다니는 직장인이다. 특히 부동산에 대해 관심이 많았기 때문에 각종 부동산 교육과 세미나를 찾아다니며 공부를 하고 있었다. 그런데 곧 한계점이 왔다. 부동산 교육에서 이야기하는 방식이 경매 등 굉장히 위험한 방식인 경우가 많고, 자칫 잘못하다간 기획부동산에 엮여서 큰 피해를 볼 수 있다는 점을 깨달았기 때문이다. 이 시기에 D씨 부부는 분명남팀을 만났다.

분명남팀은 D씨 부부를 세밀하게 분석했다. 원하는 삶의 목표를 이야기하다가 참 의외의 답을 들었는데, 아직도 그 모습이 생생하다.

"강남에 입성하고 싶어요."

처음엔 장난인 줄로 알고 웃어넘겼다. 하지만 진심이었다는 걸 깨닫는 데는 오래 걸리지 않았다.

"아니, 사회생활 기반이 강서 쪽에 있는데 왜 어려운 강남으로 입성하고 싶으세요?"
"그게 우리 부부 꿈이에요."

이 부부가 우리 분명남팀에게 특별했던 것은 사람마다 가치를 두는 삶의 목표가 너무도 다를 수 있다는 것을 배웠기 때문이다. 그래서 분명남팀은 다시 물었다.

"상당한 장기 플랜이 될 거예요. 그 과정에서 현재의 행복은 일부 희생될 수 있는데, 그래도 괜찮나요?"

그렇다는 답이 돌아왔다. 그래서 분명남팀은 작품 하나 만들어 보자는 마음으로, 아주 공격적인 부동산 전략을 짰다. 그렇게 도출된 전략이 바로 책에서 설명했던 징검다리 전략이다. 징검다리 전략의 기본은 2~3년 주기로 한번씩 아파트를 사고팔면서 계속 이사를 하며 확보된 자산상승분을 재투자하는 방식이다. 그렇게 상당한 시간 동안 여러 실패가 있었지만, 제일 먼저 잡게 된 기회는 지축지구였다. 지축지구를 시작으로 택지지구만 포커스를 맞췄다. 그렇게 또 수많은 시행착오 후 지축이 완공될 무렵 징검다리인 검단 파라곤 센트럴파크를 분양받을 수 있었다.

몇 줄로 쉽게 얘기하지만 무수한 탈락과 좌절, 그리고 인고의 시간이 그 사이에 있었다. 이제는 1가구 1주택 비과세 혜택을 이용하여 2~3년 주기로 이사를 하고, 계속해서 징검다리 전략을 써야 한다. 그리고 이런 추세로 두어 번만 더 징검다리를 건너면 어느새 강남이 가시권에 들어오기 시작할 것이다. 지축과 검단에서 각각 2~3억 수준의 차액을 얻고 계속 재투자하여 추가로 두세 번 더 징검다리를 만들면 충분히 가능하기 때문이다.

분명남팀은 D씨 부부가 목표를 이룰 수 있게 끝까지 함께 할 예정이다. 그리하여 몇 년 뒤, 강남에 입성한 행복한 모습을 반드시 볼 것이다.

글을 마치며...

나는 어렸을 적부터 '경제적 자유'를 꿈꾸고 살았다.

그러나 정작 어떻게, 언제 그 자유를 얻어야 할지는 몰랐던 사람이었다. 그런데 이제는 일을 하지 않더라도 의식주가 해결되고, 자유롭게 여가를 즐길 수 있으며, 그 와중에도 자산은 꾸준히 불어나고 있다.

'1만시간의 법칙'이라고 들어보았는가. 하루에 6시간씩 투자하면 5년이 걸리는 시간이다.

좋아하는 일을 꾸준히 연습하면 작은 목표를 성취하게 되고, 이에 몰입하여 궁극적으로 원하는 것을 이루는 데엔 5년이란 시간이 걸린다는 뜻이다.

처음 분양권을 접한 것이 5년 전이었는데, 우연히 당첨된 분양권이 지금은 굉장히 비싼 가격에 거래되는 강남 3구 지역 안의 유명한 아파트가 되었다. 시간이 지나 돌이켜보면 나는 5년이란 시간 동안 자고 일어나면 밥만 먹고 분양권 공부만 했던 것 같다. 네이버 지도와 여러 뉴스가 나의 교과서였고 스승이자 멘토였다. 그러면서 5년간 여러 아파트의 분양권을 사고팔면서 나름 이 분야에 많은 경험과 노하우가 쌓이게 되었다.

어느 정도 내공이 쌓였다고 생각할 때쯤 나처럼 분양권투자를 하는 사람이 많을까, 라는 생각을 하게 되었다. 나는 실제로 부동산에 관심이 있는 많은 사람들을 만나보았다. 그런데 생각보다 많은 사람들이 일을 하느라 바빠서인지, 이 분야가 생소해서인지 분양권투자는 잘 모르고 있다는 사실을 알게 되었다.

부동산 시장이 활황으로 변하기 전까지, 분양권 시장은 매우 소수의 사람들만 하고 있는 재테크 수단이었던 것이다.

이에 분양권투자의 지식이 적은 사람들에게 도움이 되고자, 기초부터 설명해줄 만한 책이 있었으면 좋겠다는 생각이 들어 분명남(지은이)과 그간의 실전 노하우 및 경험들을 총망라한 책을 만들게 되었다. 특히 젊은 사회초년생들에게 큰 자본 없이도 내 집 마련을 할 수 있는 좋은 방법이 있음을 알려주고 싶었다.

현 정부가 들어서면서 크고 작은 부동산 정책 발표가 계속되었다. 부동산 거래에서 세금 강화 및 대출규제가 매우 엄격해지는 실정이다. 하지만 무주택자에게는 오히려 내 집 마련의 기회를 주는 추세기도 하다. 분양권은 아파트를 구입하는 것에 큰 제약이 없는, 현재까지 가장 이상적인 투자방법이다.

보통사람들은 '청약통장'이 아파트를 사는 데 필요하다는 것을 잘 알고 있다. 하지만 청약통장을 어떻게 활용하는지 자세히 알고, 실제로 한 번 이상 사용해본 사람은 많지 않다. 이 책을 접한 독자들도 이번 기회를 통해 청약통장의 활용법에 익숙해졌으면 좋겠다.

'부동산 시장은 이미 오를 대로 오른 것 같고 지금부터 아무리 공부한들, 이렇다 할 자본도 없는 상태에서 과연 부동산으로 재테크를 할 수 있을까?'

이렇게 생각하는 사람들에게 꼭 추천하고 싶다.

이 책을 통해 〈분양권〉이라는 키워드로 미래를 현명하게 준비하는 절호의 기회를 얻기 바란다!

_ 김현우(제이슨)

1. 청약홈을 통하여 청약 가상체험하기

한동안 청약을 하려면 아파트투유(APT2you)라는 사이트에 접속하여 신청해야 했지만, 현재는 해당 사이트의 주택청약업무가 종료된 상태다. 대신 한국감정원 홈페이지를 접속할 수 있는 주소를 알려주는데, 이 청약홈 사이트에 접속해서 신청을 하면 된다.

청약홈은 한국감정원에서 운영하는 사이트로, 아파트투유보다 더 많은 기능이 추가되면서 기존 사이트의 절차적/기능적 단점도 많이 보완했다. 이전에는 청약신청이 청약자의 정보들을 직접 입력하는 형식이라 당첨이 되고도 당첨취소가 일어나는 경우가 잦았다면, 청약홈은 사이트 내에서 가점 계산부터 가상신청까지 해 볼 수 있어서 청약을 잘 모르는 이들도 쉽게 가능하다.

실제로 청약홈에서는 청약가점 일부를 자동계산할 수 있다. 부양가족 수, 무주택기간, 청약통장 가입기간 등 청약자격을 청약홈 내 청약시스템을 통해 실시간으로 사전 확인할 수 있으며, 이는 사소한 계산 오류로 인해 부적격당첨이 발생할 확률을 매우 낮춰 준다.

두 번째 장점은 청약접수를 일원화한다는 것이다. 이전에 KB국민은행 청약통장을 사용하는 청약자들은 아파트투유가 아닌 KB국민은행 전용 사이트에서 청약신청을 했는데, 이렇게 되면 은행 사이트에서 신청을 해도 당첨 여부는 아파트투유에서 확인해야 하는 번거로움이 있었다. 그러나 청약홈에서는 어떠한 금융권의 청약통장을 사용하더라도 청약홈사이트에서만 청약신청이 가능하다. 청약접수를 일원화하여 당첨조회 및 접수가 한 번에 가능해진 것이다.

세 번째로는 입주자모집공고 후 청약 가능한 기한이다. 아파트투유 때는 모집 공고 후 5일부터 청약이 가능했지만 청약홈으로 변경된 뒤에는 입주자모집공고 후 10일부터 가능하니, 이 변화사항 역시 참조해야 한다.

이외에도 본인 주택소유 확인 기능, 청약신청 이전 단계에서 세대원 정보 등 청약자격 확인 기능, 청약지도에서 분양단지 지도와 인근 시세 확인 기능이 새로 생겼다. 특히 분양단지 인근 시세 확인 기능은 GIS 기반으로 부동산 정보를 제공하는데, 최근 분양이 완료된 단지의 분양가 및 청약경쟁률 정보를 제공하므로 청약을 준비하는 이들에게 도움이 된다.

* 가상체험을 원하는 경우 공인인증서가 필요하며, 인증을 받은 뒤 청약의 종류/주택형/자격 확인/우선배정 신청 등을 마치면 청약신청이 완료된다.

왼쪽 청약신청 – 청약가상체험, 또는 메인 화면 아래 '청약가상체험'을 클릭한다.

특별공급과 일반공급 중 선택하여 가상체험을 시작한다. – 예제는 일반공급

공인인증서로 로그인한다.

국민주택과 민영주택 중 선택을 한다. — 예제는 민영주택

청약신청 시 유의사항에 동의한다.

이때 1주택 소유자는 2가지 중 하나를 선택할 수 있다. 본인이 가진 주택을 처분 서약하고 청약하는 방법, 본인이 가진 주택을 처분서약 하지 않고 청약하는 방법 이 그것이다. 만약 처분서약을 한다면 추첨제 전체물량의 25% 정도에 우선추첨 대상이 될 수 있지만, 처분서약을 하지 않는다면 청약 미달이 되어야 그나마 추 첨기회를 가지게 된다는 점을 주의해야 한다. 특히 분양권도 주택으로 봄에 따라 분양권을 가지고 있는 경우는 1주택 처분조건 선택이 아예 불가능하다.

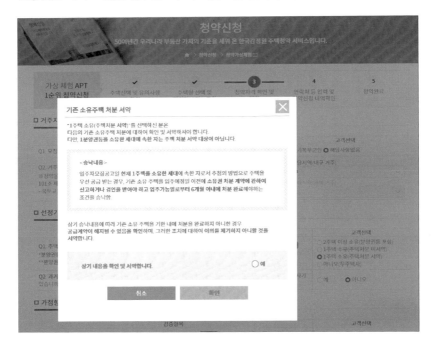

이렇게 거주지와 주택처분서약 및 가점항목 등을 확인하고 다음을 선택한다.
그러면 본인의 가점이 자동으로 계산되어 나온다.

청약신청내용을 확인하고, 연락번호와 주소를 입력한다. 특히 여기 기재된 연락처로 당첨 시 문자가 오게 되니 자주 확인하는 전화번호를 넣어야 한다. 중간에 최하층 우선배정신청은 65세 이상이거나 장애인, 또는 3명 이상의 미성년자가 있을 경우 1층을 우선 배정해 주는 것으로 저층을 우선배정 받을 수 있는 방법이다. 만약 1층을 원하지 않는다면 체크해서는 안 된다.

□ 청약신청 내역확인 상세설명

□ 청약신청 내역 (현재 청약신청 미완료 상태임)

성명		거주구분	해당지역
주민등록번호		청약신청일	2020년 01월 01일
주택명	청약가상체험관(민영수대)	주택형	059.9876
청약신청순위	1순위	주택처분서약	시약
장기복무군인 신청	해당사항 없음		

구분		선택항목	점수
가점항목	무주택기간(최고32점)	만30세미만, 미혼인 무주택자	0점
	부양가족수(최고35점)	2명	15점
	청약통장 가입기간(최고17점)	6월 미만	1점
총점			**16** / 84점

* 주택형 = 주거전용면적(type이 있는 경우 type 포함)

□ 최하층 우선배정 신청 (선택사항) 상세설명

1.청약신청자와 세대구성원❶ 중 만 65세 이상인 자 또는 장애인이 있는 경우
(기준일 : 1955년 02월 03일 이전 출생)   ○ 신청

2.청약신청자가 세명 이상의 미성년 자녀를 둔 경우
(기준일 : 2001년 02월 03일 이후 출생)   ○ 신청

□ 연락주소 입력 상세설명

주소직접입력 (도로명주소가 검색되지 않는 경우에만 직접 입력하시기 바랍니다.)

우편번호		주소검색	주소	
상세주소				
연락처	- -			● SMS통지에 동의함 ○ SMS통지에 동의하지 않음

← 이전   다음 →

이렇게 입력된 정보를 확인할 수 있다.

청약신청
50여년간 우리나라 부동산 가치의 기준을 세워 온 한국감정원 주택청약 서비스입니다.

🏠 > 청약신청 > 청약가상체험 ▭

청약신청이 완료되었습니다.
실제 청약이 아닌 가상 체험입니다. 유의하십시오.

◪ 청약신청 내역

성명		거주 구분	해당지역
주민등록번호		연락처	
주택명	청약가상체험관(민영주택)	청약신청일	2020년 01월 01일
주택형	059 9876	최하층 우선배정	해당사항 없음
청약신청순위	1순위	주택처분서약	서약
장기복무군인 신청	해당사항 없음		

구분		선택항목	점수
가점항목	무주택기간(최고32점)	만30세미만, 미혼인 무주택자	0점
	부양가족수(최고35점)	2명	15점
	청약통장 가입기간(최고17점)	6월 미만	1점
총점			**16**/ 84점

* 주택형 = 주거전용면적(type이 있는 경우 type 포함)

홈으로   다시하기

2. 2020년 달라지는 부동산제도 (세제, 제도 등)

　정부의 부동산대책에 따라 부동산 시장은 요동친다. 그러므로 2020년도에 달라지는 부동산제도를 참조하고 미리 대비해 두도록 하자. 1, 2월에는 장기보유특별공제 혜택 축소나 전세자금대출 후 신규주택 매입 제한, 실거래가 신고기간 단축 등 규제 위주의 제도 개편이 눈에 띈다. 3월과 4월에는 자금조달계획서 제출대상이 확대되며, 거래 소명이 강화될 뿐만 아니라 불법 전매 시에 청약제한과 재당첨 제한이 강화되니 이용에 불편이 없도록 해야 할 것이다. 그 외에도 종부세 세율이 상향 조절되고 허위매물이 게시 금지되며, 이를 어길 시 처벌이 시행되는 등 다양한 방면에서 부동산 거래자들이 피해를 보지 않도록 애쓴 티가 난다.

　한편 공모형 리츠/부동산펀드는 세제혜택이 확대되니, 대부분이 규제인 정책 속에서도 얻을 수 있는 것들은 얻어 가도록 촉각을 곤두세우자. 특히 2020년에는 전반적으로 대출과 세금규제가 강화됨으로써, 다주택자를 대상으로 하던 대출규제가 이제는 실수요자에게까지 영향을 미친다. 그러니 무주택자라도 내 집 마련을 위해서는 분양가상한제와 대출규제를 정확히 파악하고 이용해야 한다.

공시가격 현실화, 종부세의 상승

　공시가격 현실화로 인해 68% 정도인 공시가격이 개정 이후에는 70%

이상으로 올라가며, 2018년부터 상승 중이던 종부세 역시 함께 오른다.

취득세율 변경

2020년 1월부터는 6억원 초과 9억원 이하 주택을 매입할 때 취득세율이 취득금액에 따라 1.01~2.99%로 세분화된다. 집을 3채 이상 가지고 있는 세대가 추가로 주택을 매입할 경우, 4%의 취득세율이 적용된다.

전세자금대출 이후, 신규주택 매입 제한

강화된 규제의 예로, 전세자금대출을 받은 다음 9억원을 초과하는 주택을 매입하거나, 2주택 이상을 보유할 경우 지급되었던 전세대출금이 회수된다. 이뿐만 아니라 9억원을 초과하는 1주택자의 경우, 공적 전세보증/서울보증보험 보증 모두를 받을 수 없다.

실거래신고 기한 단축, 과태료 규정 신설

2월 21일부터는 부동산의 실거래신고 기한도 대폭 단축된다(이전 60일 현행 30일). 계약 무효나 취소가 되는 경우도 해제가 확정된 날로부터 30일 이내에 신고(어길 시 500만원 이하의 과태료 부과)해야 하는 것은 물론, 실제 계약을 하지 않았는데 거짓으로 신고할 경우 3,000만원 이하의 과태료 규정이 신설된다.

조달계획서 제출 의무화

2020년 3월부터는 의무적으로 조달계획서를 제출해야 한다. 투기과열지구 3억원 이상 주택, 조정대상지역 3억원 이상 주택, 비규제지역 6억원 이상 주택을 취득할 시 자금조달계획서를 제출해야 하는데, 증여세를 물게 함으로써 갭투자를 억제하겠다는 정부의 의도가 잘 드러난 부분이다. 투기과열지구 9억원 초과 주택을 실거래 신고할 시에는 소득금액증명원과 예금잔고, 전세계약서 등의 객관적인 증빙자료를 제출해야 한다.

민간택지 분양가상한제 유예기간 종료

2020년 4월 29일 이후에는 민간택지 분양가상한제 유예기간이 종료된다. 5~10년 전매제한과 2~3년 실거주도 의무화로 변하며, 적용지역은 서울 강남, 서초, 송파, 강동, 영등포, 마포, 성동, 동작, 양천, 용산, 서대문, 중구, 광진 등 13개구 전 지역 및 강서, 노원, 동대문, 성북, 은평 등 5개구 37개 동, 경기도 과천, 하남 등 13개 동이 상한제 대상으로 지정되었다.

불법 전매 시 청약제한 및 재당첨 제한

불법 전매 시에는 주택 유형과 관계없이 10년간 청약이 금지되며, 지역 및 주택 면적에 따라 재당첨 제한기간도 늘어난다(기존 1~5년 적용). 분양가상한제 주택이나 투기과열지구에 당첨될 경우는 10년, 조정대상지역에 당첨될 경우에는 7년이 적용되는 식이다.

공시가격 9억원 이상의 고개주택 보유자에게 부과되는 종합부동산세의 세율이 0.1~0.8% 인상된다. 또한 시가 9억원 이상 주택을 대상으로 한 부동산 가격 현실화율이 상향 조절되는데, 현재 시세 대비 공시가 반영률에 미달하여 형평성 확보를 꾀하는 것으로 보인다.

허위매물은 꼭 직접적인 사기의 수단이 아니라도 많은 투자자들에게 피해를 미치는 병폐였다. 2020년 8월부터는 이러한 허위매물을 게시하는 것만으로도 공인중개사를 처벌할 수 있게 된다(공인중개사법 개정안 시행). 허위 또는 과장 광고를 올리면 해당 공인중개사에게 최대 500만원의 과태료가 부과된다.

3. 분양권 전매 프로세스, 필요서류 등

분양권 전매란 분양권을 가지고 있는 상태에서, 분양권에 대한 전권을 다른 사람에게 파는 행위를 말한다. 분양권 전매제한이 생기게 된 이유는 역시 투기를 막기 위해서다. 정부는 부동산 시장의 안정화를 위해 분양권 소유자에게 지역에 따라 정해진 기간 동안 분양권 전매를 제한하는데, 이에 제한되지 않는 지역이 있을뿐더러 지역마다 전매제한 기간도 다르므로 미리 알아볼 필요가 있다.

　분양권 전매는 다뤄본 중개사들도 드물 정도로 어떻게 하는지 잘 모르는 경우가 많다. 분양권 전매와 그에 따른 리스크에 대해서는 본인이 정확히 알고 있어야 한다. 그래야만 번거롭지 않게 일을 처리할 수 있고, 발생 가능한 여러 리스크에 대해서도 관리할 수 있기 때문이다.

　프로세스는 다음과 같다.

첫째, 분양권 매매계약

　기존 분양자(매도인)와 신규 분양자(매수인)가 매매계약을 체결한다. 이 과정에서 중요한 것은 계약특약사항이다. 분양권 매매계약에서 어려운 점은 매수인이 매도인의 은행 중도금 대출을 승계받을 수 있는지 없는지를 정확히 알기 어렵다는 점이다. 대략 알 수는 있지만 막상 계약서와 서류를 가지고 은행에 가면 중도금 대출 승계가 거절되는 경우가 있다. 이런 일이 발생했을 때 계약특약사항에 아무것도 기재하지 않으면 매도인/매수인 서로가 큰 낭패를 볼 수가 있다. 따라서 중도금 대출 인수가 안 되었을 경우에 어떻게 할 것인지에 대해서 특약을 걸어주는 것이 좋다. 또한 비록 분양계약서로 확인이 가능하지만 발코니 확장과 옵션비용에 대해서도 정확히 기입하는 것이 좋다.

둘째, 검인 및 실거래가 신고

시/군/구청 토지정보과에 방문해 매매계약서(또는 증여계약서)를 검인받고 실거래가를 신고한다.

셋째, 중도금 대출 승계

다음으로 매도인의 중도금 대출을 승계해야 하는데, 이전에 분양권 매매계약 단계에서 은행에 미리 확인해 보고 계약을 체결할 수 있도록 하자. 불필요한 리스크를 막아줄 것이다.

중도금 대출 승계를 위해서는 매도인과 매수인이 함께 은행에 방문해야 한다. 중도금 대출은 조정지역일 경우 1건만 가능하고, 유주택자는 보유주택의 처분서약으로만 대출이 가능하다. 또한 비조정지역의 경우 세대당 2건, 인당 5억 한도로 가능하니 유의해야 한다.

또한 중도금 대출 승계과정에서 발생하는 비용에 대한 매도인/매수인 부담범위도 결정되어야 한다. 통상 전매 수입인지세는 매도인이 부담하고, 중도금 대출인지세는 매수인이 부담하는 경우가 일반적인데, 그 반대의 경우나 한쪽에서 모두 부담하는 경우도 많다. 중요한 건 이런 종류의 애매한 추가비용이 있다는 것을 미리 알고 사전 협의를 해야 한다는 점이다.

넷째, 명의 변경

해당 분양권의 분양사무실로 가서 계약서 원본에 있는, 권리 의무승계란에 도장을 날인하여 매수자의 명의 변경을 진행한다.

명의 변경은 어려운 작업이 아니다. 해당 모델하우스에 가서 지금까지 진행한 모든 결과물과 자료를 가지고 계약서에 이름을 변경 기재하면 된다. 다만 모델하우스에 사전연락을 해서 언제 명의 변경 작업이 가능한지 일자를 예약하고 움직여야 헛걸음을 하지 않을 수 있다. 아울러 명의 변경 시 통상 매수인은 대리인으로 처리하는 게 가능하지만, 매도인은 반드시 본인이 방문해야 한다는 점을 잊지 말자.

통상적인 분양권 명의변경 시 필요서류는 다음과 같다.

- 매도인의 경우– (반드시 본인 출석) 신분증 / 인감도장 / 인감증명서 / 분양계약서 / 분양대금 납부 영수증 / 은행대출채무승계 동의서
- 매수인의 경우– (대리인 가능) 신분증 / 인감도장 / 인감증명서 / 검

인계약서

다섯째, 양도세처리 - 매도인

모든 명의 변경절차가 완료되면 매도인과 매수인 간 처리해야 할 일은
전부 끝난다. 이제는 분양권 전매의 마지막 과정인 양도세 납부를 해야
한다. 매도인이 주소지 관할 세무서에 가거나 홈택스를 통해 양도세를
신고하고 납부하면 이제 최종적으로 모든 분양권 매매는 완료된다.

4. 2020년에 분양되는 수도권 유망단지!

시도	구	동	단지명	총가구 수	시공사	분양예정
서울	강남구	개포동	개포주공 1단지	6,702	현대, SK	2020. 상반기
서울	강남구	대치동	대치1지구 재건축 푸르지오	489	대우	2020. 하반기
서울	강남구	역삼동	역삼동 e-편한세상	142	대림	2020. 하반기
서울	강남구	청담동	영동한양빌라 가로주택정비사업	44	라온	2020. 하반기
서울	강동구	강일동	(공공)고덕강일지구 8단지	518	SH	2020. 상반기
서울	강동구	강일동	(공공)고덕강일지구 14단지	411	SH	2020. 상반기
서울	강동구	고덕동	고덕강일지구 5블록	809	현대, 계룡	2020. 하반기
서울	강동구	둔촌동	둔촌주공재건축	12,032	현대, 현산, 대우, 롯데	2020. 상반기
서울	강동구	성내동	힐스테이트 천호역 젠트리스_ 주상복합	160	현대 엔지니어링	2020. 상반기
서울	강동구	천호동	천호 1구역 천호동 중흥S클래스	1,000	중흥	2020. 하반기
서울	강동구	천호동	천호 4구역 도시환경정비사업 더샵	670	포스코	2020. 하반기

시도	구	동	단지명	총가구 수	시공사	분양예정
서울	강서구	마곡동	(공공)마곡지구 9단지	962	SH, 한신	2020. 상반기
서울	광진구	자양동	자양 1구역 롯데	878	롯데	2020. 상반기
서울	광진구	자양동	서울 자양 코오롱 하늘채	165	코오롱	2020. 하반기
서울	구로구	개봉동	길훈아파트 재건축, 신일 해피트리	1,559	신일	2020. 상반기
서울	노원구	상계동	상계 6구역 재개발	1,163	롯데	2020. 상반기
서울	도봉구	쌍문동	쌍문동시티프라디움	112	시티	2020. 상반기
서울	동대문구	용두동	용두6 래미안	1,048	삼성	2020. 상반기
서울	동대문구	이문동	이문1 래미안	2,904	삼성	2020. 하반기
서울	동작구	사당동	이수역 힐스테이트	921	현대	2020. 상반기
서울	동작구	상도동	상도역세권 롯데캐슬	950	롯데	2020. 상반기
서울	동작구	상도동	상도동 푸르지오	771	대우	2020. 상반기
서울	동작구	상도동	상도동_ 주상복합	393	현대 엔지니어링	2020. 하반기
서울	동작구	흑석동	흑석3 자이	1,772	GS	2020. 상반기
서울	마포구	공덕동	공덕 1구역	1,101	GS, 현대	2020. 하반기
서울	마포구	아현동	아현 2구역 주택재건축	1,419	현대산업, SK	2020. 하반기
서울	마포구	아현동	아현동_ 주상복합	236	현대	2020. 상반기
서울	서대문구	영천동	서대문 반도유보라_ 주상복합	199	반도	2020. 하반기
서울	서대문구	홍제동	홍은 13구역 EG the 1	827	라인	2020. 상반기
서울	서초구	반포동	래미안원베일리	2,971	삼성	2020. 하반기
서울	서초구	반포동	신반포 13차	330	롯데	2020. 상반기
서울	서초구	방배동	디에이치방배	3,080	현대	2020. 하반기
서울	서초구	방배동	방배 5구역	2,796	현대	2020. 상반기
서울	서초구	방배동	방배 6구역 아크로파크 브릿지	1,131	대림	2020. 하반기
서울	서초구	서초동	대림아크로클라우드파크	1,356	대림	2020. 하반기
서울	서초구	양재동	양재신동아파밀리에더퍼스트	112	신동아	2020. 하반기
서울	서초구	잠원동	한신4지구 신반포메이플자이	3,685	GS	2020. 상반기

시도	구	동	단지명	총가구 수	시공사	분양예정
서울	서초구	잠원동	신반포14차 재건축	280	롯데	2020. 상반기
서울	성동구	성수동	서울숲2차 아이파크	825	현대산업	2020. 상반기
서울	성동구	용답동	청계리버뷰자이	1,670	GS	2020. 하반기
서울	성북구	길음동	길음 역세권 재개발	395	롯데	2020. 상반기
서울	성북구	동선동	동선 2구역 재개발 계룡리슈빌	326	계룡	2020. 하반기
서울	성북구	장위동	장위 4구역 자이	2,840	GS	2020. 상반기
서울	성북구	장위동	장위 6구역 재개발 푸르지오	1,637	대우	2020. 하반기
서울	송파구	거여동	(공공)위례신도시 A1-5 블록	1,282	SH	2020. 상반기
서울	송파구	거여동	(공공)위례신도시 A1-12 블록	394	SH	2020. 상반기
서울	송파구	신천동	잠실 진주아파트 재건축	2,636	삼성, 현대	2020. 상반기
서울	양천구	신월동	신월 4주택 재건축 신월 파라곤	299	동양	2020. 하반기
서울	양천구	신정동	목동호반써밋	407	호반	2020. 상반기
서울	영등포구	영등포동	영등포동2가 439 가로주택정비 사업_ 주상복합	156	동부	2020. 상반기
서울	은평구	수색동	수색 13구역	1,400	현대산업	2020. 하반기
서울	은평구	수색동	수색 6구역 자이	1,223	GS	2020. 상반기
서울	은평구	수색동	수색 7구역 자이	672	GS	2020. 상반기
서울	은평구	역촌동	역촌 1구역 동부센트레빌	740	동부	2020. 상반기
서울	은평구	증산동	증산 2구역 자이	1,386	GS	2020. 상반기
서울	은평구	진관동	은평1차 대방노블랜드	496	대방	2020. 상반기
서울	중구	인현동	세운 푸르지오헤리티지아파트	614	대우	2020. 하반기
서울	중구	입정동	힐스테이트 세운_ 주상복합	1,000	현대 엔지니어링	2020. 상반기
서울	중랑구	망우동	양원지구 시티프라디움	495	시티	2020. 상반기
서울	중랑구	면목동	면목 4구역 용마산모아엘가파크 포레	243	모아 주택산업	2020. 상반기
서울	중랑구	중화동	중화3재정비 라온프라이빗	295	라온	2020. 하반기
서울	중랑구	중화동	중화동 세광하니타운 가로주택 정비사업	223	라온	2020. 하반기
경기	고양	덕은동	고양 덕은 A6블록 자이	620	GS	2020. 상반기

시도	구	동	단지명	총가구 수	시공사	분양예정
경기	고양	덕은동	고양 덕은 삼정그린코아 더베스트	382	삼정	2020. 상반기
경기	고양	덕은동	고양 덕은 A7블록자이	318	GS	2020. 상반기
경기	고양	토당동	능곡연합 재건축(롯데)	834	롯데	2020. 상반기
경기	고양	행신동	경원연립 가로주택 행신신동아파밀리에	136	신동아	2020. 상반기
경기	과천	갈현동	(공공)과천제이드자이	647	LH, GS, 금호	2020. 상반기
경기	과천	갈현동	(공공)과천지식정보타운 S8블록	608	신동아, 우미	2020. 하반기
경기	광명	광명동	광명 2R구역 재개발	3,344	대우, 현대, 롯데	2020. 하반기
경기	광명	광명동	광명 15구역 재개발 광명푸르지오 센트베르	1,335	대우	2020. 상반기
경기	광명	광명동	광명 14구역 재개발 광명 푸르지오 포레나	1,187	대우, 한화	2020. 하반기
경기	광주	삼동	광주 삼동1지구 현대힐스테이트	565	현대	2020. 상반기
경기	광주	오포	광주 오포 C2블록 더샵	1,475	포스코	2020. 하반기
경기	구리	인창동	구리 인창 대원칸타빌	379	대원	2020. 상반기
경기	김포	마송	김포 마송2차 대방노블랜드	576	대방	2020. 하반기
경기	김포	마송	e편한세상 마송2차	536	대림	2020. 하반기
경기	남양주	다산동	도농 2구역 반도유보라_ 주상복합	194	반도	2020. 하반기
경기	남양주	덕소	덕소 7구역 재개발 라온프라이빗	295	라온	2020. 상반기
경기	남양주	덕소	덕소 6A구역 재개발 신일해피트리	211	신일	2020. 상반기
경기	남양주	별내동	남양주 별내 자이_ 주상복합	740	GS	2020. 하반기
경기	남양주	와부읍	덕소 2구역 재개발 라온프라이빗	1,000	라온	2020. 하반기
경기	성남	고등동	성남고등자이_주상복합	364	GS	2020. 상반기
경기	성남	대장동	판교대장 금강펜테리움(B2)	128	금강주택	2020. 상반기
경기	성남	대장동	판교대장 금강펜테리움(B3)	87	대우	2020. 상반기
경기	성남	신흥동	신흥 2구역 재개발	4,774	GS, 대우	2020. 상반기
경기	수원	망포동	영통 아이파크캐슬 망포2차	1,481	롯데, 현대산업	2020. 하반기
경기	수원	망포동	영통 자이(망포 5지구)	653	GS	2020. 상반기

시도	구	동	단지명	총가구 수	시공사	분양예정
경기	수원	매교동	매교역 푸르지오 SK뷰	3,603	대우, SK	2020. 상반기
경기	수원	세류동	수원 권선 6구역(113-6) 재개발	2,178	삼성, 코오롱, SK	2020. 상반기
경기	수원	연무동	KCC스위스첸(111-5구역 재건축)	1,130	KCC	2020. 하반기
경기	수원	영통동	수원 영흥공원 푸르지오	1,520	대우	2020. 상반기
경기	수원	오목천동	쌍용 더플래티넘오목천역	930	쌍용	2020. 상반기
경기	수원	인계동	수원 센트럴아이파크자이(팔달 10구역)	3,432	현대산업, GS	2020. 하반기
경기	수원	정자동	수원 정자자이(장안 1구역 재개발)	2,607	GS	2020. 상반기
경기	수원	정자동	대유평지구 2블록 푸르지오_ 주상복합	665	대우	2020. 상반기
경기	수원	조원동	광교산더샵 퍼스트파크	666	포스코	2020. 상반기
경기	수원	파장동	포레나 수원 장안	1,187	한화	2020. 하반기
경기	수원	팔달동	팔달 115-10구역 중흥S-클래스	1,154	중흥	2020. 하반기
경기	시흥	장현동	시흥장현지구 영무예다음(B9블록)	747	영무토건	2020. 상반기
경기	시흥	정왕동	시흥 시화MTV 금강펜테리움	930	금강주택	2020. 하반기
경기	시흥	정왕동	시화 MTV 파라곤(1블록)	656	동양산업	2020. 상반기
경기	시흥	선부동	선부동 3구역 재건축 중흥S-클래스	993	중흥토건	2020. 하반기
경기	시흥	원곡동	푸르지오 (원곡연립1단지 재건축)	1,714	대방	2020. 상반기
경기	안양	비산동	안양 진흥아파트 재건축	2,723	대우, 포스코	2020. 하반기
경기	안양	비산동	비산1동 주민센터 주변지구 재개발	230	한신공영	2020. 상반기
경기	안양	호계동	안양 덕현 재개발	2,886	대림, 코오롱	2020. 하반기
경기	안양	호계동	영무예다음(삼신6차아파트 재건축)	456	영무토건	2020. 상반기
경기	양주	덕계동	양주회천 금강펜테리움(A22블록)	941	금강주택	2020. 상반기
경기	양주	덕계동	양주회천1차 대방노블랜드(A16블록)	860	대우	2020. 상반기
경기	양주	옥정동	(공공)양주옥정 A1블록	2,049	신동아, 우미	2020. 하반기
경기	양주	옥정동	양주 옥정신도시 제일풍경채(A10-1블록)	1,246	제일	2020. 상반기
경기	양주	옥정동	양주 옥정신도시 제일풍경채(A10-2블록)	1,228	제일	2020. 상반기

시도	구	동	단지명	총가구 수	시공사	분양예정
경기	양주	옥정동	양주옥정 유림노르웨이숲	1,140	유림E&G	2020. 상반기
경기	양주	옥정동	양주옥정 A17-1블록 대성베르힐	805	대성	2020. 상반기
경기	양주	옥정동	양주옥정 한신더휴	776	한신공영	2020. 상반기
경기	여주	교동	여주역세권 1블록 휴먼빌	699	일신건영	2020. 하반기
경기	오산	세교동	오산세교2 A4블록 중흥S-클래스	1,246	중흥	2020. 하반기
경기	오산	세교동	오산세교파라곤	1,132	동양산업	2020. 하반기
경기	오산	세교동	오산세교2 금강펜테리움(A88블록)	762	금강주택	2020. 하반기
경기	오산	원동	오산 원동 롯데캐슬	2,341	롯데	2020. 상반기
경기	용인	언남동	용인구성현대힐스테이트	699	**현대**	2020. 하반기
경기	용인	영덕동	기흥 푸르지오 포레피스	680	**대우**	2020. 상반기
경기	용인	유방동	용인 8구역 재개발	1,308	태영	2020. 하반기
경기	의왕	오전동	오전 나구역 재개발	733	태영	2020. 하반기
경기	의왕	오전동	의왕 오전 동아루미체_주상복합	65	동아토건	2020. 상반기
경기	의정부	가능동	가능1구역 재개발(롯데)	466	롯데	2020. 상반기
경기	의정부	금오동	금오생활권 1구역 에일린의뜰	832	아이에스동서	2020. 하반기
경기	의정부	의정부동	의정부_ 주상복합	1,243	**현대산업**	2020. 상반기
경기	의정부	의정부동	푸르지오(중앙 3구역 재개발)	779	**대우**	2020. 상반기
경기	의정부	의정부동	의정부 1차_ 주상복합	172	**현대**	2020. 상반기
경기	파주	금촌동	금촌2동 제2지구 재개발	1,055	경남기업	2020. 하반기
경기	파주	목동동	파주운정 2차 대방노블랜드(A35블록)	515	대방	2020. 하반기
경기	파주	목동동	파주운정 5차 대방노블랜드(A37블록)	297	대방	2020. 하반기
경기	파주	목동동	파주운정 3차 대방노블랜드(A36블록)	292	대방	2020. 하반기
경기	파주	와동동	운정3지구 A5블록 제일풍경채	1,926	제일	2020. 상반기
경기	파주	와동동	운정호수공원 테라스 더리브	186	이테크	2020. 상반기
경기	파주	운정동	파주운정3 금감펜테리움(A32블록)	778	금강주택	2020. 상반기
경기	파주	운정동	파주운정3지구 A11블록 중흥S-클래스	750	중흥	2020. 하반기
경기	평택	고덕	평택고덕 41블록 제일풍경채	871	제일	2020. 상반기

시도	구	동	단지명	총가구 수	시공사	분양예정
경기	평택	고덕	평택고덕 42블록 제일풍경채	820	제일	2020. 상반기
경기	평택	고덕	호반써밋 고덕신도시(A43블록)	766	호반	2020. 상반기
경기	평택	현덕	평택현덕 이안	610	대우산업	2020. 상반기
경기	평택	화양	평택 화양지구 휴먼빌	1,468	일신건영	2020. 하반기
경기	하남	감일동	하남감일 C1블록 푸르지오	496	대우	2020. 하반기
경기	하남	덕풍동	하남C구역 재개발	970	포스코	2020. 하반기
경기	하남	학암동	위례신도시 중흥S-클래스	475	LH, 중흥	2020. 상반기
경기	하남	학암동	위례신도시 우미린 2차(A3-2블록)	420	우미	2020. 상반기
경기	화성	남양	화성남양 e편한세상(B11블록)	606	대림산업	2020. 하반기
경기	화성	동탄	화성 동탄 파라곤3	1,253	동양산업	2020. 하반기
경기	화성	동탄	동탄2신도시 공동주택용지(A-59블록)	1,103	금강주택	2020. 하반기
경기	화성	동탄	동탄2신도시 금강펜테리움(C2블록)_ 주상복합	383	금강주택	2020. 하반기
경기	화성	반월동	화성반월 자이	1,297	GS	2020. 상반기
경기	화성	봉담	봉담2지구 중흥S-클래스(A5블록)	808	중흥	2020. 상반기
경기	화성	봉담	봉담 파라곤 1단지	600	동양산업	2020. 상반기
경기	화성	봉담	봉담 파라곤 2단지	287	동양산업	2020. 상반기
경기	화성	오산동	동탄2차 대방디엠시티(2블록)_ 주상복합	531	대방	2020. 상반기
인천	인천시	가좌동	일성 트루엘(가좌라이브빌라 재건축)	1,218	일성	2020. 상반기
인천	인천시	검단	검단신도시 3차 노블랜드(AB-10블록)	722	대방	2020. 상반기
인천	인천시	검단	검단신도시 우미린2차(AB12블록)	436	우미	2020. 상반기
인천	인천시	계양	계양 코오롱하늘채	546	코오롱 글로벌	2020. 상반기
인천	인천시	구월동	포레나 인천 구월	1,115	한화	2020. 하반기
인천	인천시	논현동	이안 논현 오션파크_ 주상복합	294	대우산업	2020. 상반기
인천	인천시	당하동	검단신도시 AB3-1블록 대성베르힐	745	대성	2020. 상반기
인천	인천시	백석동	검암역 로열파크씨티 푸르지오	4,805	대우	2020. 상반기
인천	인천시	부개동	부평 부개서초교 재개발(SK컨소시움)	1,559	SK 한진중공업	2020. 상반기

시도	구	동	단지명	총가구 수	시공사	분양예정
인천	인천시	부평동	인천부평아파트 재건축 우미린	494	우미	2020. 상반기
인천	인천시	산곡동	힐스테이트 부평(백운 2구역 재개발)	1,409	현대	2020. 상반기
인천	인천시	삼산동	브라운스톤(삼산 1구역 재개발)	511	이수	2020. 상반기
인천	인천시	당하동	검단신도시 AB3-1블록 대성베르힐	745	대성	2020. 상반기
인천	인천시	백석동	검암역 로열파크씨티 푸르지오	4,805	대우	2020. 상반기
인천	인천시	부개동	부평 부개서초교 재개발(SK컨소시움)	1,559	SK 한진중공업	2020. 상반기
인천	인천시	부평동	인천부평아파트 재건축 우미린	494	우미	2020. 상반기
인천	인천시	산곡동	힐스테이트 부평(백운 2구역 재개발)	1,409	현대	2020. 상반기
인천	인천시	삼산동	브라운스톤(삼산 1구역 재개발)	511	이수	2020. 상반기
인천	인천시	송도동	인천송도자이(A10블록)	1,524	GS	2020. 하반기
인천	인천시	송도동	힐스테이트 송도 더스카이_주상복합	1,205	현대	2020. 상반기
인천	인천시	송도동	힐스테이트 레이크 송도3차	1,110	현대	2020. 상반기
인천	인천시	송도동	송도아메리칸타운2단계	498	현대산업	2020. 하반기
인천	인천시	송도동	더샵(송도F19블록 공동주택)	348	포스코	2020. 상반기
인천	인천시	송림동	(공공)인천LH브리즈힐	920	LH	2020. 상반기
인천	인천시	연수동	포레나 인천 연수	886	한화	2020. 상반기
인천	인천시	연수동	인천 연수 서해그랑블	750	서해종합	2020. 하반기
인천	인천시	영종	e편한세상 영종3차	1,426	대림산업	2020. 하반기
인천	인천시	옥련동	서해그랑블(송학등지아파트 재건축)	212	서해종합	2020. 하반기
인천	인천시	용현동	용현학익공동 1-1블록, 업무복합 1블록	2,430	포스코, 현대	2020. 하반기
인천	인천시	용현동	(공공)인천 용마루지구 1블록	2,312	LH, GS	2020. 상반기
인천	인천시	용현동	인천용현 경남아너스빌 오션뷰	303	경남기업	2020. 상반기
인천	인천시	운남동	영종하늘도시 화성파크드림 2차	499	화성산업	2020. 상반기
인천	인천시	원당동	검단신도시 우미린(AA8블록, AB1블록)	1,234	우미	2020. 하반기
인천	인천시	원당동	인천검단 금강펜테리움(RC4블록)_주상복합	483	금강주택	2020. 하반기

시도	구	동	단지명	총가구 수	시공사	분양예정
인천	인천시	원당동	인천검단 금강펜테리움(RC3블록)_주상복합	447	금강주택	2020. 하반기
인천	인천시	작전동	인천 계양 1구역 재개발	2,371	GS, 현대	2020. 하반기
인천	인천시	작전동	작전 현대아파트 재개발	1,370	두산, 쌍용	2020. 하반기
인천	인천시	주안동	미추홀파크뷰 자이(주안 3구역 재개발)	2,054	쌍용	2020. 상반기
인천	인천시	주안동	주안 10구역 재개발(대림산업)	1,150	대림	2020. 하반기
인천	인천시	주안동	인천 주안동 e편한세상	740	대림	2020. 하반기
인천	인천시	주안동	e편한세상(우진아파트 재건축)	386	고려개발	2020. 상반기
인천	인천시	청천동	e편한세상 청천 2구역 재개발	5,190	대림	2020. 상반기
인천	인천시	청천동	청천 1구역 재개발	1,623	포스코, 롯데	2020. 하반기